¿Purrr qué mi gato es así?

Guía para identificar y entender la personalidad
de tu gato a través del Eneagrama

Eva Aznar y Raquel Rús

Papel certificado por el Forest Stewardship Council®

Primera edición: septiembre de 2024

© 2024, Eva Aznar y Raquel Rús
© 2024, Penguin Random House Grupo Editorial, S. A. U.
Travessera de Gràcia, 47-49. 08021 Barcelona
© 2024, Ada Alonso, por los dibujos del interior

Penguin Random House Grupo Editorial apoya la protección de la propiedad intelectual. La propiedad intelectual estimula la creatividad, defiende la diversidad en el ámbito de las ideas y el conocimiento, promueve la libre expresión y favorece una cultura viva. Gracias por comprar una edición autorizada de este libro y por respetar las leyes de propiedad intelectual al no reproducir ni distribuir ninguna parte de esta obra por ningún medio sin permiso. Al hacerlo está respaldando a los autores y permitiendo que PRHGE continúe publicando libros para todos los lectores. De conformidad con lo dispuesto en el artículo 67.3 del Real Decreto Ley 24/2021, de 2 de noviembre, PRHGE se reserva expresamente los derechos de reproducción y de uso de esta obra y de todos sus elementos mediante medios de lectura mecánica y otros medios adecuados a tal fin. Diríjase a CEDRO (Centro Español de Derechos Reprográficos, http://www.cedro.org) si necesita reproducir algún fragmento de esta obra.

Printed in Spain – Impreso en España

ISBN: 978-84-666-7977-0
Depósito legal: B-9.105-2024

Compuesto en Comptex&Ass., S. L.
Impreso en Huertas Industrias Gráficas, S. A.

*A todos los gatos del mundo, por inmolarse
y ser nuestros compañeros y maestros implacables.
Ponéis nuestra vida patas arriba manipulándonos
con gran estilo, inteligencia y poderío.*

Índice

INTRODUCCIÓN................................ 7

PRIMERA PARTE

1. QUIERO COMPARTIR MI VIDA
   CON UN GATO 13
   ¿Por qué elegimos acompañarnos de gatos?.. 13
   Mitos, mentiras y gatos.................. 18
2. PREGUNTAS QUE DEBES HACERTE ANTES
   DE ELEGIR UN AMOR... FELINO 34
   La gran pregunta....................... 34
   Edades y madurez del gato.............. 35
   Preguntas y reflexiones para ti............ 50
3. VENTE A VIVIR CONMIGO 60
   Tu compañero de piso.................. 60
   Tu gato y tú, dos vidas interrelacionadas..... 65

4. PERSONALIDADES Y
   PURRRSONALIDADES 73
   ¿Qué es el Eneagrama? ¿Y por qué es tan
   interesante? 73
   Tu personalidad........................ 76
   El «punto gatillo» 90

SEGUNDA PARTE

5. ENEAGATO: LAS NUEVE
   PURRRSONALIDADES................. 95
   Tipo de personalidad 1: formal adorable 99
   Tipo de personalidad 2: amorosa dependiente . 115
   Tipo de personalidad 3: mimosa exquisita.... 131
   Tipo de personalidad 4: melodramática
   melosa 147
   Tipo de personalidad 5: independiente tierna . 163
   Tipo de personalidad 6: insegura familiar 179
   Tipo de personalidad 7: enérgica divertida ... 195
   Tipo de personalidad 8: provocadora fiel 211
   Tipo de personalidad 9: compañera distraída . 228

EPÍLOGO 243
GLOSARIO 245

Introducción

Todo comenzó en La Gatoteca, un proyecto nacido en 2013. La Gatoteca es un café de gatos adonde ir a tomar algo mientras juegas, acaricias o sirves de sillón a un felino. Todos los gatos de esta colonia controlada son adoptables si nace el amor durante la visita.

Eva puso en marcha esta idea inspirada en los *Neko Cafés* japoneses y la mejoró al hacer que los gatitos pudieran encontrar un hogar. Raquel, al escuchar hablar sobre este lugar, sintió que quería colaborar con ellos porque la idea era estupenda. Así se conocieron en una entrevista en la que Raquel le propuso hacer cosas juntas —no sabía muy bien cuáles, ya que su especialidad son las personas— y Eva le dijo que tratara a un felino que tenía problemas emocionales y que, según cuál fuera el resultado, confiaría en sus métodos. Como imaginarás, el experimento fue bien.

Con el tiempo, se convirtieron en maestras y alumnas mutuas, amigas y colaboradoras. Como profesora y apasionada del Eneagrama, Raquel dejó caer que los gatos con los que ella convivía tenían una personalidad que podía encajar perfectamente en alguno de los tipos de personalidad existentes según el Eneagrama. Igual que hay diferentes personalidades en humanos también ocurría así en los gatos. Eva al principio sintió curiosidad, pero al formarse en Eneagrama pronto comenzó a reconocer los tipos de personalidad de los gatos de su casa y de La Gatoteca. Además, se dio cuenta de que eso le daba pistas indispensables para comprenderlos y mejorar la relación con los humanos.

¿Habría algún libro sobre ello para poder profundizar? Pues resulta que no. ¡Les pareció increíble que nadie hubiera escrito nada tan necesario! Ambas se entusiasmaron con esta aplicación del Eneagrama, a la que llamaron «Eneagato». Fueron contándoselo a amigos y conocidos, y vieron que su respuesta era: «¡El mundo necesita un libro que explique eso!». Así que aquí lo tienes.

Este libro nace del amor de ambas por los gatos y por el Eneagrama y con el deseo de mejorar la vida de humanos y felinos a través de la comprensión, la curiosidad y la vida que compartimos.

El Eneagrama es un conocimiento de raíces milenarias que, unido a la psicología moderna, facilita que te comprendas a ti y a los demás con el objetivo de tratarnos con más amor y respeto, de ganar en libertad y en paz interior y de mejorar nuestras relaciones. Este sistema divide en nueve los tipos de personalidad ayudándonos a ver que cada uno vivimos con un filtro y que hay ocho filtros más. Hay muchos libros estupendos sobre el Eneagrama para personas, pero este es el primero dedicado a los gatos.

Si convives con gatos, sabes que no hay dos iguales. Cada uno tiene su personalidad marcada, sus manías, sus puntos débiles y fuertes, su manera de jugar, de comer y de ir al arenero. El objetivo del presente libro es que profundices en el conocimiento de tu gato. Y, si todavía no lo tienes, que sepas cuál encajaría mejor en tu vida.

Para empezar, ¿alguna vez te has preguntado por qué vivimos con gatos? ¿Qué los hace tan especiales como para ser los protagonistas de los vídeos más vistos en internet (por delante incluso de los de contenido pornográfico)? ¿Cuántas de las cosas que creemos saber sobre los gatos son una mentira gigante? ¿Por qué y cómo ponen nuestras vidas patas arriba? ¿Qué podemos hacer para darle a nuestro gato lo que de verdad necesita y que sea más feliz?

A todas estas preguntas y a muchas otras intentaremos dar respuesta en las próximas páginas.

Si vives con gatos, ya sabes que tu cama, tu comida y hasta tu cuerpo les pertenecen. Y demuestras ser un amoroso sirviente al preocuparte por ellos y tener este libro en tus manos para conocer el Eneagato. Todo lo que hagamos por estos maestros peludos que nos hacen ver lo que significa conocer tus derechos, ser independiente, tener elegancia y poner límites es poco.

Ellos saben que, con una caidita de párpados, un miau bien entonado o un ronroneo se puede dominar el mundo. Pongámoselo fácil y mostrémosles nuestro amor comprendiéndoles un poquito mejor.

PRIMERA PARTE

1

QUIERO COMPARTIR MI VIDA CON UN GATO

¿Por qué elegimos acompañarnos de gatos?

Hace tanto que los humanos convivimos con los gatos que casi se nos olvida cómo comenzó nuestra relación. Al principio, fue una asociación de dos especies diferentes con beneficios para ambas, algo habitual en la naturaleza. Los gatos se dieron cuenta de que donde había humanos podían encontrar ratones, ratas y cucarachas que cazar y los humanos aceptaron a los felinos cerca porque mantenían sus reservas de comida libres de intrusos que les robaban. Era, como se suele decir, un *win-win*, las dos partes ganaban.

Con el tiempo, los gatos pasaron de los graneros a las casas y la relación se volvió más emocional e íntima. El gato empezó a tener comida y a recibir cariño y el humano a disfrutar de su compañía y también de su cariño, claro (luego hablaremos de esto). Y es que el hecho de que humanos y gatos seamos mamíferos facilita tremendamente este vínculo.

Tanto los gatos como nosotros tenemos un sistema límbico que nos permite realizar conexiones sociales, decidir que «tú eres de los míos» y ponernos mutuamente en un lugar especial.

Para las personas, estas relaciones han llegado a ser tan cercanas que hasta se ha popularizado el término «gathijos». Y no es de extrañar... España tiene uno de los índices de natalidad más bajos de Europa. Primero somos demasiado jóvenes para tener descendencia, luego demasiado pobres y, por último, demasiado mayores. Conclusión: adoptamos animales a los que amamos como si fueran familia, ya que tenemos necesidad de amor, reconocimiento y conexión y necesitamos satisfacerla con algo o, mejor dicho, con alguien. Por este motivo, muchas personas hemos decidido dejar de llamarles mascotas, ya que nos parece un menosprecio.

¿Sabías que la palabra mascota proviene del francés *mascotte* y que significa «amuleto»? A nosotras, llamar amuleto a un ser vivo nos parece cosificarlo y faltarle al respeto, por eso no encontrarás esa palabra en este libro. Como verás, tampoco llamaremos a la persona que ha adoptado al animal dueña o dueño. Creemos que nadie puede poseer a nadie, así que preferimos usar los términos tutor/a, responsable legal o cuidador/a. Más allá de la responsabilidad legal y de la «propiedad» de un ser vivo, un gato es un individuo con sus emociones, intereses y prioridades, y consideramos que así debe ser reconocido y tratado.

Llegar a casa y tener a alguien que te recibe, que se alegra de verte, que te busca y que te necesita es bonito, pero, en el caso del gato, tienes además la sensación de que «te ha elegido». Los perros, por su genética, son más demostrativos, o, dicho de otra manera, que un perro te quiera no tiene mérito alguno. En cambio, los felinos ni son sumisos ni, muy importante, están domesticados. Quizá nunca te habías parado a pensarlo, pero los gatos son animales salvajes con los que convivimos. Por tanto, cuando un gato se pone sobre tus muslos, te amasa la tripa o te ronronea, sabes que no hay una tendencia irrefrenable y genética que le lleve a ello: es amor honesto, amor que te has ganado (un amor no predeterminado genéticamente). De ahí que muchas personas que convivimos con gatos sepamos perfectamente lo que es tener medio cuerpo acalambrado y dolorido porque no queremos movernos cuando están dormidos sobre nuestro regazo... ¡Seguro que sabes de lo que hablamos!

Vale, sí, se nos nota mucho que somos más felinas que caninas, pero queremos dejar claro que amamos a todos los animales. Perros y gatos no son comparables. Los perros tienen una inocencia y una dependencia que los hace encantadores. Los gatos digamos que son más sutiles y quizá por eso cuando nos ganamos su amor sentimos que hemos creado un lazo muy profundo e incomparable (y eso lo saben bien las personas que tienen perros y gatos).

Sea como sea, crecer junto a un mamífero o convivir con uno es una experiencia sanadora. Con ellos reímos, lloramos, les contamos nuestras penas, hacemos el idiota y, en definitiva, podemos mostrarnos tal y como somos sin miedo al juicio o a la manipulación. Son buenos para no sentir la soledad, mejoran nuestra autoestima (ya que somos importantes para alguien), refuerzan nuestro sistema inmune, reducen el estrés, dan estabilidad emocional... ¡No se puede pedir más! Incluso está demostrado científicamente que el ronroneo de los gatos es terapéutico, no solo a nivel emocional, sino también físico, pues regula nuestra presión arterial y previene la pérdida de calcio.

Ya ves todas las razones por las que, como humanos, elegimos a los felinos, pero ¿qué sienten ellos? A día de hoy, muchas personas todavía asumen que los gatos son independientes e interesados, que solo nos prestan atención cuando quieren conseguir algo. Incluso hay quien piensa que son menos inteligentes y menos sensibles que los perros. La ciencia, en cambio, está descubriendo que eso no es así.

Por ejemplo, Kristyn Vitale, investigadora del Laboratorio de Interacción Humano-Animal de la Facultad de Ciencias Agrícolas de la Universidad Estatal de Oregón, afirma que la mayoría de los gatos tienen apego a las personas que los cuidan. Para demostrarlo, hicieron un experimento. Primero dejaban dos minutos a un gato y a su responsable en una habitación a solas. Después, el humano salía otros dos minutos para luego regresar y reunirse con su compañero dos minutos más. Al ver las reacciones de los felinos, quedó claro que la mayoría se sienten más seguros cuando estaba su persona de referencia presente: su estrés disminuía y se atrevían más a explorar la habitación en la que estaban.

Otra demostración relacional muy identificable se da cuando se rozan contra tu cara o tus piernas. Los gatos tienen glándulas que producen feromonas, que son mensajes químicos que ellos saben interpretar (los humanos también las producimos, aunque hemos perdido la capacidad animal de ser conscientes de ellas y no somos capaces de captar las de otros animales). Esas glándulas se sitúan especialmente en su cara, en sus almohadillas y en la base de su cola y con ellas marcan el territorio y los muebles para sentirse seguros y reconocer cada rincón de la casa; pero también lo hacen con los seres vivos con los que conviven, reconociéndolos, así, como familiares suyos. Al rozarse contigo, te están diciendo que tú eres parte de su territorio, de su zona de seguridad y, al mismo tiempo, están transmitiéndote parte de su olor y tomando parte del tuyo. Es como si un perfumero experto preparara un aroma único mezclando varios. En definitiva, te están mostrando su afecto y creando un olor comunal, de la casa, que da paz y nos hace a todos sentirnos mejor. ¿O no has notado que te encanta cómo huele tu gato y los de otras personas te parece que huelen raro? Eso es algo muy normal: tu gato huele a casa.

Así que sí, tu gato te ama a su manera, ¡eso no lo dudes!

Mitos, mentiras y gatos

Hay una historia en cuatro actos que hemos visto mil veces, incluso puede que te haya sucedido a ti en alguna ocasión. Suele desarrollarse de la siguiente manera:

1. Una persona a la que le gustan más los perros o que dice que no le gustan los gatos (sin haber tenido experiencia con ellos).

2. Una circunstancia hace que entre en contacto con el mundo felino: tiene que cuidar al gato de una amiga, su pareja tiene uno, se encuentra a uno en la calle y le da mucha pena, etc.
3. A raíz de esa convivencia, esa persona empieza a darse cuenta de que los gatos no son como le habían contado.
4. La persona se enamora perdidamente de los gatos, quiere adoptar, desea convivir con uno... o con dos.

Moraleja: no sabes cómo es un gato hasta que convives con uno.

A lo largo de la historia, los gatos han sido endiosados, demonizados, perseguidos y adorados, lo que ha generado una serie de mitos y mentiras que pueblan el imaginario colectivo y que solo se desmontan cuando los conoces de verdad.

Antes de empezar de lleno a aclarar algunas de esas falsas ideas, es importante contextualizar un poco. Cuando hablamos de mitos y mentiras, nos estamos refiriendo a creencias extendidas con mayor o menor éxito en la civilización occidental.

En el antiguo Egipto, los gatos eran considerados divinos. La diosa Sekhmet, que tenía cabeza de leona, era a la vez guerrera y sanadora, y, según la mitología, estaba estrechamente relacionada con Bastet, la diosa con cabeza de gato. En ocasiones son descritas como hermanas y, en otras, como una misma deidad. Bastet era muy popular y representaba la fertilidad; protegía a las embarazadas y los nacimientos, y bendecía los hogares. Era una diosa dual, considerada tierna y a la vez feroz. Se asociaba con la Luna y se creía que ahuyentaba a los malos espíritus. Así, cada gato era considerado por los egipcios una manifestación de estas diosas, por lo que eran muy bien tratados y respetados; a menudo, incluso eran momificados con sus familiares para irse con ellos a la vida eterna.

También en Oriente, los gatos son en general bien considerados, hasta existen templos dedicados a ellos. Para el budismo, por ejemplo, son seres de luz que representan el inconsciente y en Japón tienen un gran peso en la mitología y el imaginario colectivo, siendo muy popular el *manekineko* (o gata de la suerte), así como otros menos conocidos como el *bakeneko* o el *nekomata*.

En la tradición nórdica, los gatos están presentes en la representación de la diosa Freya, símbolo del amor, la fertilidad y la belleza. La diosa Freya montaba un carro tirado por dos felinos de buen tamaño.

Y si para los seguidores del islam los perros son impuros y si los tienes en casa, no entrarán los ángeles, los gatos son, en cambio, protectores y, por lo tanto, muy bien tratados. El origen de esta creencia está en la relación de Mahoma con los gatos, en especial con Muezza, la gatita atigrada con una M en la frente que a menudo dormía encima de su túnica. Según se cuenta, Mahoma no se levantaba para no perturbar el descanso de la felina.

En Europa existen muchas leyendas que cuentan que el papa Gregorio IX ordenó un exterminio masivo de gatos y que eso generó que la peste negra se extendiera a mayor velocidad (ya que las ratas campaban a sus anchas). Al parecer, estas historias no tienen una base real. En lo que suelen coincidir los historiadores es en que el hecho de que muchas religiones consideradas paganas adoraran a los gatos pudo provocar que ciertos católicos no los miraran con buenos ojos. Que no estuvieran domesticados y, por tanto, no fueran sumisos no ayudó, pues se les consideraba impredecibles.

Aunque las personas los deseaban cerca de sus cultivos y hogares, ya que, al ser carnívoros estrictos, se comían ratones, serpientes y otros animales (que no quieres tener ni en tu casa ni en tu granero), es sabido que también fueron quemados en hogueras. Se los asociaba con las brujas, que, en general, solo eran mujeres independientes y solteras que convivían con ellos (¡Cuántas terminarían en la hoguera en nuestros días!).

En tiempos más cercanos, el papa Benedicto XVI se confesó un amante de los felinos.

Quizá por todos estos motivos, por la seguridad que muestran y por no ser domesticables, surgieron ciertos mitos y mentiras que ahora consideramos necesario desmontar. ¡Vamos allá!

Mito número 1: Los gatos no te necesitan

Se suele creer que los gatos son animales solitarios, pero nada más lejos de la realidad.

En libertad, generan amistades y familiaridad con los gatos con los que conviven en su territorio. No aceptan de buen grado a un extraño, pero sí cuidan y protegen a sus congéneres. En general, crean sociedades matriarcales, donde son las hembras las que aceptan o expulsan a los miembros de la colonia y las que deciden quién tiene preferencia para acceder a los recursos (alimento, refugio, etc.), aunque no hay una hembra que mande sobre todo el grupo (como las abejas con su reina).

En las colonias felinas hay estratos sociales (normalmente organizados por edad). En cada estrato, hay ciertos miembros que tienen más privilegios que otros, siendo, como ya hemos dicho, las hembras las que deciden esto.

Los gatos que no pertenecen a estas sociedades pueden tener igualmente relaciones fraternales entre ellos (juegan, cazan y pasan tiempo juntos). Esto mismo ocurre cuando un gato llega a tu casa: buscará relacionarse con los miembros de la familia, aunque su vida y su supervivencia no dependan de ello. Establecer conexiones es una necesidad básica que les proporciona bienestar, les da seguridad y está en su naturaleza.

Mito número 2: Los gatos son independientes

Sobra decir que los humanos somos el juguete favorito de los gatos. Con esto nos referimos a que un gato, en un hogar, vive en una burbuja. Nada se mueve, excepto lo que ve por la ventana y los miembros de la familia. No tiene capacidad de elección sobre prácticamente nada: qué comer, cuándo hacerlo, cuándo jugar, cuándo disfrutar de tu compañía, etc. Somos su fuente de novedad, de actividad, de juego, de cariño y de todo lo que te puedas imaginar. Depende completamente de lo que pasa en casa. Nota la ausencia cuando te vas de vacaciones o no vuelves a dormir a casa. Cuando sales de casa, contigo se van el amor, la seguridad y el juego.

Así que no, los gatos no son tan independientes como nos han hecho creer.

Con respecto a este tema, se suele hacer la (odiosa) comparativa entre perros y gatos y mucha gente decide acompañarse de un felino por el erróneo concepto de que es más independiente. Pero esto no es así, ellos necesitan momentos de calidad con nosotros aunque, a diferencia de los perros, no requieren un horario tan estricto para su alimentación o paseo.

Mito número 3: Los gatos necesitan menos cuidados

Hace años se pensaba que para la supervivencia de un bebé humano era suficiente con proporcionarle una temperatura adecuada, alimento e higiene, de ahí que muchos murieran en orfanatos sin causa aparente. Simplificar tanto las necesidades de un ser vivo, sea de la especie que sea, normalmente no termina bien. Así que no, los gatos no requieren menos cuidados que los perros, ni les basta con tener un techo sobre sus cabezas, ni les sirve cualquier comida, arena o rascador enano.

Debemos distinguir entre la supervivencia y el bienestar, y comprender que el gato precisa espacios, enseres y productos ajustados a sus necesidades como especie y como individuo: una comida natural y nutritiva, un arenero de buen tamaño y con una arena adecuada, lugares de ejercicio, juego o refugio, rascadores en todas las zonas sociales... No atender correctamen te sus necesidades básicas provocará a la larga problemas de salud y comportamiento.

Más adelante nos adentraremos en los detalles concretos para que no te quede ninguna duda, pero, de momento, quédate con la idea de que no todo vale y de que los gatos no se cuidan solos.

Mito número 4: Los gatos son menos cariñosos

Si esperas que un gato mueva la colita y babee cuando te vea, no va a pasar. Muchas personas creen que los gatos no son cariñosos porque los comparan con los perros, pero recordemos: los gatos no están domesticados. Si se acercan a ti, es porque quieren.

Se dice que los gatos no nos ven como una especie diferente, sino como a gatos grandes, y gran parte de su bienestar reside en crear un vínculo con nosotros, una familiaridad. Si te ronronean, te amasan la tripita, duermen contigo o se rozan contra ti, están mostrando su amor. Pero su nivel de exigencia para ofrecerte esto es sensiblemente más alto que el de un can.

Mito número 5: Los gatos son esbeltos, ligeros y cuidadosos

Hay gatos que pueden pasear grácilmente entre las figuritas de porcelana de tu abuela sin apenas rozarlas y hay otros que lo intentarán, tropezarán y las arrastrarán con ellos al suelo. Los hay más y menos patosos, como los humanos. Y los hay deliberadamente gamberros y arrolladores, sobre todo cuando son pequeños.

Si tienes pertenencias delicadas que valoras, no te la juegues: mantenlas fuera del alcance del gato o protégelas de algún modo. Lo normal es que tu gato no tenga la intención de destruir nada, pero puede salir corriendo en pleno frenesí de juego y llevarse por delante lo que esté en su camino.

No tienen maldad, simplemente no entienden la importancia y el valor que tú, como humano, le das a ciertos objetos, ¡así que más vale prevenir para evitar disgustos!

Mito número 6: Los gatos van a destrozarte el sofá

Afilarse las uñas y arañar superficies son necesidades básicas y fundamentales del gato como lo son comer, dormir u orinar. En la naturaleza lo hará en los árboles. En tu casa, si le ofreces rascadores de un tamaño adecuado, alfombras, felpudos, cajas de cartón, etc., le facilitarás encontrar un lugar atractivo que rascar. Es una manera de evitar que lo haga en el lateral de tu preciado sofá, en la esquina de tu colchón o en cualquier otro sitio que su imaginación portentosa haya decidido.

Como te decíamos, el gato es libre y eso forma parte de su libertad, porque tu casa es su casa y no entiende aquello de la propiedad privada. Recuerda: para él, arañar no es una opción, es una necesidad.

Mito número 7: Los gatos no se caen por las ventanas

Cuando escuchamos frases como «Yo tuve un gato durante muchos años y no se cayó nunca», «El mío sale al alféizar de la ventana y nunca le ha pasado nada» o «Son muy ágiles, nunca se caen», nos da mucho miedo. De hecho, cualquier clínica veterinaria afirmará tranquilamente lo contrario basándose en datos estadísticos.

Los gatos no tienen siete vidas, por más que se insista en ello. No solo se caen, sino que pueden matarse en el proceso o terminar muy malheridos, y esto siempre será responsabilidad de su familia. Por eso son necesarias las protecciones en las ventanas, asegurarse de que no las saben desmontar o abrir. Debemos pensar siempre que son más listos y temerarios de lo que creemos y que, cuando no estamos en casa y se aburren, pueden aprender a hacer muchas cosas.

Mito número 8: Hay gatos buenos y gatos malos, traicioneros e imprevisibles

Es muy frustrante llamar a una clínica veterinaria, pedir cita para un análisis de sangre para tu gato y que te pregunten: «¿Tu gato es bueno?». ¿En serio? ¿Hay gatos buenos y gatos malos? Nosotras solemos contestar: «Entiendo que lo que me estás preguntando es si mi gato es sumiso o más reactivo, ¿verdad?». Qué peligroso es vivir en una sociedad que asocia sumisión con bondad…

No hay gatos buenos o malos, eso son etiquetas humanas. Hay animales que por su personalidad, sus experiencias y su sistema nervioso reaccionan de diferente manera ante una situación estresante.

Así, lo ideal sería saber aceptar y sostener lo que está pasando para que esa experiencia, ya sea ir a la clínica veterinaria, llegar a un nuevo hogar o conocer a alguien, sea lo más amable posible.

Mito número 9: Los gatos son un riesgo para las mujeres embarazadas

Las consultas médicas y las redes están llenas de información errónea que dice que las mujeres embarazadas no pueden tener gatos en casa por el riesgo de contagiarse de toxoplasmosis durante los primeros tres meses de embarazo.

Lo primero que hay que decir es que un porcentaje alto de mujeres tienen anticuerpos para combatir esta enfermedad, así que no pueden contraerla. A su vez, la mayor parte de los gatos también los tienen, por lo que tampoco pueden infectarse. Pero para que no haya nervios innecesarios, un simple análisis de sangre puede decirnos si tanto el felino como la mujer tienen dichos anticuerpos.

Lo que transmite la enfermedad está en las heces del gato, así que tendría que suceder que el animal se contagiara durante la gestación y que la mujer embarazada tocara los excrementos que hubieran estado más de veinticuatro horas a temperatura ambiente y luego, sin lavarse las manos, se tocara la boca, los ojos o una herida abierta. Como ves, un contagio es prácticamente imposible.

Moraleja: si tu obstetra te dice que te deshagas del gato, deshazte de tu obstetra, no está actualizado.

Mito número 10: Los gatos y los bebés son incompatibles

Cuando un bebé llega al hogar, el gato intenta integrarlo en la familia. Para ello, se roza con él para tomar su olor y dejar el suyo (ya dijimos que los gatos son perfumistas, ¿recuerdas?). También es normal encontrarlos durmiendo en la cunita del bebé, en su sillita o directamente junto al peque. Los felinos saben reconocer a una criatura recién llegada sea o no de su especie, así que serán especialmente cuidadosos, aunque también mostrarán curiosidad. Si te da más tranquilidad, intenta que sus primeras interacciones sean supervisadas y, sobre todo, normaliza su relación. Si separas al gato del bebé, será más difícil que lo integre en la manada.

Mito número 11: Los gatos pueden ser responsabilidad de un niño o una niña

Hay algo que queremos dejar muy claro: la persona responsable del gato siempre debe ser un adulto. No vale decir que lleva años pidiendo un gato y que habéis acordado que, si lo quiere, será su responsabilidad limpiarle la arena y darle de comer. No. Un niño o una niña pueden querer un compañero felino, pero es responsabilidad de los adultos evaluar si eso es viable y adecuado. Tenemos que asumir que si el peque finalmente no se hace responsable, como es posible que pase, somos nosotros los que debemos hacernos cargo. Esto es como si tu hijo o hija quiere llevar una camiseta de manga corta en invierno y se lo permites porque está insoportable y no quieres imponerte; es tu responsabilidad que se ponga el abrigo quiera o no, es lo que toca.

Convivir con un animal durante la infancia es una experiencia maravillosa. En muchos casos, el felino se convierte en un apoyo emocional, alguien que le acepta sin condiciones y con quien jugar (que ya es bastante). Pero es muy importante enseñar a la siguiente generación a tratar con cuidado a los miembros peludos de la familia, a respetar sus tiempos y espacios; así podrán establecer un vínculo sólido que será maravilloso para su autoestima y su bienestar interior.

Mito número 12: Los gatos bebés se adaptan mejor a las casas

Se suele pensar que es mejor adoptar un gatito pequeño porque al crecer con nosotros se adaptará mejor a las costumbres de la familia, querrá más a todos y aprenderá lo que se le enseñe, pero no es así: un bebé felino es un desconocido.

La realidad es que no sabes lo que te estás llevando a tu casa porque su personalidad todavía no se ha desarrollado, así que lo que ese ser manifieste luego puede ser o no adecuado para tu familia. En cambio, al adoptar un gato adulto sí conocerás sus tendencias, ya habrá patrones previsibles que indicarán si es el ser apropiado para convivir contigo.

Dicho esto, los gatos no se pueden acostumbrar a cualquier cosa. No son de plastilina y no se van a adaptar a ti como un guante. Hay quien piensa que si lo adoptas pequeñito y lo acostumbras a viajar contigo a todas partes, eso no lo estresará, pero nada más lejos de la realidad. Ese animal tiene unas necesidades básicas propias de su especie y otras concretas del individuo que es. Según su tipo de personalidad, que tú le saques de casa puede resultarle estimulante y divertido o estresante y traumatizante.

Mito número 13: Los gatos jóvenes viven más

Muchas personas saben de antemano que se van a llevar un tremendo disgusto cuando les falte su gato y por eso buscan adoptar un bebé o uno muy jovencito, «para que me viva muchos años». Ojalá esto fuera así, pero hay que ser realistas: la edad del felino no asegura su salud. De hecho, un bebé gato es un ser extremadamente frágil. Puede tener fallos internos o malformaciones congénitas que no se ven (de riñón, de corazón, cerebrales, etc.) y que aparecen cuando el gatito tiene cinco, seis u ocho meses, causándoles muerte súbita. Por más que busquemos certezas, la vida es impredecible y puede ser dura.

Ya hemos visto cuántas falsas creencias se han extendido tradicionalmente en torno a los gatos. ¡Pobrecillos, lo que han aguantado…! Estos mitos están tan arraigados que hay gente que, dándolos por ciertos, se ha negado a convivir con estos maravillosos animales. Pero ahora que sabes más sobre cómo son en realidad, quizá te animes a adoptar un gato (o te reafirmes en haberlo hecho ya).

2

PREGUNTAS QUE DEBES HACERTE ANTES DE ELEGIR UN AMOR... FELINO

La gran pregunta

Pongámonos en la situación de que tienes claro que quieres compartir tu vida, tu espacio y tu cariño con un maravilloso gato: ¡enhorabuena! Ahora viene la pregunta del millón: ¿quién será el elegido?

Nosotras consideramos que los gatos no se eligen, que son ellos los que aparecen en tu vida en el momento adecuado y necesario. Pero hagámonos ilusiones y pensemos que sí tenemos algo que decir en el asunto. En ese caso, queremos ayudarte dándote cierta información y provocando algunas reflexiones antes de que des el paso.

Este libro pretende mostrarte que cada gato es un universo en sí mismo: no hay dos gatos iguales. Sabemos que adoptar sin conocer al animal a fondo no es sencillo, así que conviene plantearse ciertos aspectos, tanto del animal como de ti, antes de dirigirte a una protectora para buscar un amor felino.

Edades y madurez del gato

Pronto verás que este es un tema de vital importancia. Consideramos que no se habla lo suficiente de ello y que poca gente lo tiene en cuenta a la hora de decidirse a compartir su vida con un gato. Así que toma buena nota de las siguientes páginas, porque las necesidades del gato, su energía y el trabajo que puede llegar a darte vienen marcados por la etapa de la vida en la que se encuentre, y ahora entenderás por qué.

Vamos a repasar una a una las etapas de la vida de un gato y las particularidades de cada una de ellas.

El bebé gato

En España ya está prohibido por ley adoptar o comprar un gatito de menos de dos meses. Y es que separar a un bebé de su madre hace que este no aprenda a «ser un gato», le causará traumas emocionales y no podrá desarrollarse adecuadamente. Ni tú ni yo somos mamás gatas y un lactante que solo se críe con humanos nunca estará plenamente bien. A veces, la mamá muere y no queda otra, pero en todas las demás circunstancias los bebés deben estar con los suyos. Aprenden a relacionarse con sus hermanos, a jugar de la manera correcta, a pedir, a recibir, a atreverse a hacer cosas mientras son sostenidos por su madre, que todo lo ve y todo lo atiende. Así es como debe ser para su bienestar físico y emocional.

Igualmente, si estás pensando en adoptar por primera vez, o si ha habido gatos pequeños en tu casa pero otra persona se encargaba de ellos, te aconsejamos que no elijas un bebé (aunque tenga más de dos meses). No sabrás interpretar sus señales sutiles (por ejemplo, puede que esté estresado y no te des cuenta), no sabrás suficiente sobre alimentación o sobre qué necesita tener en su hogar, te costará ver si está haciendo algo que puede derivar en una mala conducta o detectar carencias para mejorar su vida desde pequeño. Lo mejor en este caso sería adoptar un adulto joven, un adolescente, y, quizá, más adelante, si te encantan los felinos, disfrutar de la bonita (y nada sencilla) experiencia de tener un bebé en tu casa.

Convivir con un neonato es un milagro, pero también un sinvivir. Yo lo hice en pleno confinamiento con el pequeño Shinobi. Lo recogí con catorce horas de vida, 80 g de peso e hipotermia avanzada, fruto de una camada prematura de una gata feral de la colonia que gestiono (los había abandonado). Aunque ya había hecho de nodriza de gatitos de pocos días, Shinobi fue un reto. Prácticamente, me lo llevé a casa para permitirle morir en un lugar que no fuera la calle. Pero tanto Shinobi como yo nos negamos a que eso ocurriera; él se aferró a la vida y consiguió salir adelante no sin pasarlo bastante mal por el camino: noches despertándome a las tantas pensando que había fallecido, miedo a la sepsis porque se negaba a defecar aunque yo lo estimulara, visitas al veterinario por si los tembleques que tenía eran por alguna malformación del sistema nervioso... Y es que, por más bonito que se pinte, no deja de tratarse del hecho de tener que sacar adelante a un bebé de otra especie. Es abrumante, un completo desafío y, como muchos mueren, siempre estás en vilo pensando si estás haciendo lo suficiente para que el gatito sobreviva y crezca bien.

Eva

Así pues, ya has visto el enorme reto que puede suponer tener un bebé en casa. De ahí que, a menos que tengas experiencia o a alguien cerca que la tenga, nuestra recomendación es que adoptes a un gato más mayor.

El gatito de cuatro o cinco meses

Hasta los cuatro o cinco meses, el gato no va a mostrar todavía cuál va a ser su personalidad. Quizá a los tres meses veas en él algo que te encanta y ese rasgo cambie del todo después. Puede haber sorpresas y hay que saber gestionarlas. Hay algo intrínseco de cada individuo, una predisposición neuronal a manifestarse y sentir de una cierta forma, de ahí que las personas que quieren un bebé para que se acostumbre a ellas se equivoquen tanto. El gatito no se va a adaptar a ti, es un ser vivo con ciertas tendencias independientes de tus cuidados, deseos y necesidades. Si es tranquilo y le gustan los niños, si es activo y necesita mucho juego o si es muy mimoso y te busca para dormir se verá a partir del cuarto o quinto mes, nunca antes. Y una vez que lo muestre es responsabilidad tuya aceptarlo y gestionarlo para que su manifestación sea equilibrada, pero nunca podrá cambiar sus tendencias.

ADVERTENCIA: A esta edad, ¡comen mucho y cagan mucho! Las proporciones son muy raras… Te lo explicamos un poco más para que no te coja de sorpresa.

Cuando ves un gato pequeño, tiendes a pensar que comerá menos que uno adulto, pero no es así. Puede comer más que tu gato de cinco kilos ¡y pedirte más! Y es que los bebés necesitan mucha energía para crecer. Y, como es lógico, al comer tanto, cagan mucho. Además durante su desarrollo llegan a adquirir formas de lo más variopintas: orejas gigantes en cabeza diminuta, patas largas y cuerpo pequeno... Con el tiempo, todo se va compensando.

Después de años conviviendo con gatos a los que habíamos adoptado a una edad ya avanzada, mi chico quería saber cómo era tener un gato bebé. No lo buscamos, sencillamente apareció. Nos enamoramos de Ikki por una foto que compartió una asociación en las redes. La mujer que lo había acogido en su casa nos dijo: «Este no tiene miedo». No sé si eso nos tranquilizó o nos puso en alerta porque queríamos un gato tranquilo para compensar a los que ya teníamos. No salió bien. Ikki debe de ser el persa más marchoso del mundo. Salta a lo loco, se tira de cabeza de un rascador que llega al techo, grita cuando se aburre para que juegues con él... Con su hermano más activo juega a lo bruto sin ningún límite y, además, provocándole; con el más miedoso es delicado y respeta sus tiempos. Verlo crecer y encontrar su sitio en la manada ha sido una gozada (es el macho dominante y pesa menos de tres kilos), pero una gozada inesperada. Es superindependiente, activo, gracioso y no muy cari-

ñoso. *No, no era lo que queríamos, pero es absolutamente perfecto para nuestra familia.*

Raquel

El gato de entre seis meses y un año

Hazte a la idea de que un gato de hasta doce o catorce meses es como un niño de infantil: es bonito, pero suele traer el caos a tu hogar.

Es un momento en la vida del bebé en el que necesita explorar su territorio y experimentar eso de vivir. Encontrarás a personas que te digan que tener un bebé es precioso y superdivertido porque lo puedes ver crecer y es graciosísimo cuando aprende a maullar y hace algo por primera vez. Estamos de acuerdo en todo eso, pero queremos contarte la parte que no se suele compartir. Si te fijas en esas personas, verás que tienen los brazos llenos de arañazos, ya que a los peques les gusta escalarte. También tienen la tendencia de despertarte en mitad de la noche con el ruido de algo que se ha caído porque se han subido de la manera más patosa posible a algún sitio y lo han tirado. Es posible que trepe por las cortinas, que se sienta atraído por tu comida e intente robártela o que te destroce el papel del váter.

A esta edad, el gato tiene muchísima energía, una cierta hiperactividad: quiere jugar, coge rabietas cuando está cansado y no quiere o puede dormir. Y si finalmente se duerme, tendrás que comprobar si sigue respirando porque su sueño es muy profundo.

Esos meses de vida de tu gato son muy importantes. De hecho, son vitales, pues su cerebro se está desarrollando, está aprendiendo a regularse y a relacionarse, y necesita de tu apoyo y acompañamiento.

Para que veas lo relevante que es esta etapa, hace tiempo que, en los países del norte de Europa, si el gato de menos de un año se va a quedar más de ocho horas al día solo en casa, no te dejan adoptarlo. Tiene lógica y demuestra mucha responsabilidad, porque un animal tan pequeño tiene que estar tutelado por un humano adulto que supervise que todo va correctamente y que le dé apoyo emocional durante el crecimiento.

Hay que encontrar el equilibrio entre dejarle explorar y experimentar y redirigir su atención para que lo haga de manera equilibrada.

Atreyu tenía el mal del tordo (la cabecita pequeña y el culito muy gordo), estaba desproporcionado, como buen adolescente. Lo habían devuelto de una adopción anterior porque no era nada cariñoso. Solo tenía dos modos: bajo el sofá aterrado o

*dando saltos para subirse a sitios a los que no llega-
ba o para cargarse las borlas (que finalmente des-
trozó) que colgaban de los armarios. Era difícil conectar con él y durante una buena temporada se
dejó tocar lo justo. Después de unos meses con él en
casa, nos fuimos de vacaciones y al volver no lo
encontrábamos por ningún sitio, casi nos da algo.
Buscamos por todas partes y, finalmente, nuestra
gata se chivó y nos indicó maullando que estaba subido en lo alto de los muebles de la cocina. Cuando
esta época pasó, Atreyu no volvió a hacer nada parecido. Es un gato que sigue teniendo sus miedos,
pero hace años que no nos da esos sustos y que no
rompe nada. Es puro amor.*

Raquel

El gato entre el año y los cuatro años: el adolescente

A la gente le impacta mucho averiguar que un gato no
es un adulto funcional hasta los tres o cuatro años.
Porque sí, aunque el gato tiene un tamaño definitivo y
puede aplastarte amasándote con sus cinco kilos de
amor, intelectual y emocionalmente, sigue todavía en
crecimiento. Hasta esa edad, seguirá sorprendiéndote

(para bien y para mal) probando cosas nuevas como subir a una estantería a la que no había prestado atención antes, descubrir que abrir cajones y sacar su contenido es divertido o hurtar gambas en Nochevieja cuando tú miras hacia otro lado. Su personalidad ya está formada, pero sigue teniendo la necesidad de explorar sin pensar en las consecuencias.

Para que lo entiendas, hasta más o menos los cuatro años, el gato que tienes en casa es un adolescente en toda regla. Sigue gastando su energía de forma a veces exacerbada, con picos intensos de actividad, para después dormir profundamente. Por norma general, a estas edades acepta bien las novedades, como un cambio de casa o un nuevo miembro en la familia.

Es precioso ver crecer a los gatos y disfrutar de todo lo nuevo que hacen, pero, si soy sincera, no puedes imaginarte las ganas que tengo de que Bicho se haga un poco más mayor y su desmesurada energía disminuya... Tiene algo más de dos años y el papel del váter sigue guardado en un cajón, es imposible dejar un vaso de cristal en la mesa (porque acaba lanzándolo al vacío) y al llegar con la compra, termina metiéndose en todas las bolsas. Es una fiesta. Cuando cualquiera de mis otros gatos me pide un ratito de juego, tenemos que cerrar la puerta de la habitación, porque el «torbellino Bicho» aparece en un suspiro a tu lado para robar el juguete y el protagonismo. Tiene picos de amor en los que necesita que dejes lo que estés haciendo para atenderle: te invade, te amasa, ronronea, babea... Es adorable, pero muy intensa. Lo bueno es que, a medida que va creciendo, estos picos van remitiendo. Todos mis gatos tienen ganas de que crezca un poco más para andar con libertad sin que Bicho los persiga buscando juego.

Eva

El gato adulto

A partir de más o menos el cuarto año de edad, el gato sigue siendo activo, pero comienza a usar su energía de una forma más equilibrada, con algo más de mesura. Digamos que, por fin, se ha convertido en adulto. Juega, pero ya no de forma tan loca, y duerme más horas, pero no tan profundamente como antes.

La vida se vuelve más apacible y rutinaria: él por fin sabe qué esperar de su día y de ti, y te lo pide con regularidad. Puede seguir dándote sorpresas que no esperabas, pero con menor intensidad. Irás apreciando pequeños cambios en sus costumbres con el paso de los días.

Para personas que no tienen mucha experiencia con gatos, adoptar un animal de esta edad cuya personalidad encaje con la suya puede ser un regalo de la vida, para los dos. Y es que la convivencia con un adulto tiende a ser sencilla y asequible, sin los excesos de un gatito pequeño.

Casi podría decir que es la mejor etapa que compartí con Chiky. Sus miedos adolescentes comenzaron a desaparecer y, con trabajo suyo y mío, conseguimos una gran estabilidad en el hogar. Casi de la noche a la mañana, me di cuenta de que se escondía cada vez menos, que se permitía ser más vulnerable, que incluso se dejaba ver por las visitas (¡una vez hasta le pidió mimos a una!). Teníamos nuestras rutinas, que él conocía perfectamente y que le ayudaban a sentirse más seguro y confiado. Fueron varios años de estabilidad para los dos que agradecí muchísimo. Su salud era bastante estable, su carácter se fue suavizando y era una gozada compartir nuestros días en el sofá al solecito, sin esperar nada más que hacernos compañía mutua...

Eva

El gato sénior

Depende de con quién converses, obtendrás distintas respuestas sobre cuál es la edad a la que un gato se considera sénior (o viejito). Lo cierto es que los gatos, al igual que los humanos, no envejecen todos por igual. Seguro que alguna vez te has encontrado con un antiguo compañero del instituto y, al verlo, te has dado cuenta de que, a día de hoy, no parecéis tener la misma edad ni por asomo. Y es que en el envejecimiento intervienen muchos factores: la genética, los cuidados, la nutrición, el estrés, los chequeos de salud, etc.

Existe una edad cronológica que se mide en años y otra biológica que viene determinada por todos estos condicionantes. Generalizando, podemos decir que la edad a la que normalmente aparecen achaques propios de la edad oscila entre los ocho y los doce años. Es en ese momento cuando las dolencias crónicas empiezan a dar la cara y cuando nuestra responsabilidad es cuidarlos todavía más si cabe.

Es importante que durante estos años no normalices ciertas conductas, como que juegue menos, coma peor o esté decaído, porque algunas serán consecuencia de la edad, pero otras pueden ser síntomas perfectamente tratables. Ante la duda, hazle un chequeo en tu clínica veterinaria de confianza.

Si estás pendiente de su bienestar de manera activa, puede vivir todavía muchos años, siendo la media en España entre quince y dieciocho y con cada vez más casos de gatos que abandonan sus cuerpecitos con más de una veintena de primaveras en su haber. Además, con los años, tu gato se vuelve muy entrañable y agradecido, es menos necesario arreglar sus desastres y os comprendéis con una sola mirada. Es una época para dar cariño y recibir el amor felino que te ofrecerá de una forma relajada y muy pura.

Estoy enamorada de mi gata Polar. Lleva dieciséis años a mi lado (y que sean muchos más). Ella siempre ha sido extremadamente dependiente, pegajosa y empalagosa conmigo, no me deja ni ir sola al baño. Yo lo agradezco la mayor parte del tiempo, pero en ocasiones me resulta agobiante y excesivo, sobre todo en periodos en los que me ha tocado pasar poco tiempo en casa por trabajo o viajes. Polar se estresaba muchísimo y desarrollaba pica, se convertía en una aspiradora felina que ingería cualquier pelusa que encontrara en el suelo. Conforme se fue haciendo mayor, sus ritmos de energía fueron bajando poco a poco. Y ha sido ya de viejita cuando ha encontrado el equilibrio entre el cariño y la autonomía. Aunque sigue siendo intensa, ac-

tualmente se contenta con estar conmigo en la habitación sin necesidad de estar siempre encima de mí. Y cuando estoy ausente, lo gestiona mucho mejor y no se estresa tanto. Seguimos compartiendo muchísimos momentos de amor al día, pero sin ser la una la sombra de la otra.

Eva

Abandonar su cuerpo

Lo más probable es que tu gato abandone su cuerpo antes que tú. Será algo muy triste, te romperá el corazón, pero, con todo, debes darle la mejor despedida posible. Para ello, queremos darte algunos consejos que a nosotras nos habría gustado tener.

El primero sería que le dejes hacer lo que necesite. Lo más probable es que si se va porque es muy viejecito, quiera estar en sitios extraños mientras tú intentas que esté cómodo y calentito. Si no es donde quiere estar, déjale elegir.

El segundo es que, si tienes que tomar la decisión de ayudarle a irse, lo ideal sería que alguien de la clínica veterinaria se acerque a tu casa para que se vaya percibiendo sus olores y en su territorio, aunque a veces no es posible y hay que aceptarlo. Quizá tú quieras estar presente o puede que no te veas capaz: no te juzgues y haz lo que sientas. En estas circunstancias tan delicadas y tan difíciles lo importante es respetar al gato y que tú actúes desde el corazón.

En el caso de que sea un accidente lo que le separe de ti, hay que asumir que era su momento y que, de alguna manera, todo es perfecto. Hacer un ritual tras su marcha puede ayudar. Ponerle unas velitas, colocar una foto suya en casa o escribir anécdotas son bonitas maneras de honrar su vida.

Sofía se fue en casa, rodeada de amor. Sus hermanos pasaron a olerla y comprendieron lo que pasaba, la miraron y se creó un ambiente de duelo. Limpiamos su cuerpo despacito mientras llorábamos. La rodeamos de cristales de cuarzo transparente y amatista para ayudarla en su transición. Días después, escribimos sobre ella: sus anécdotas, sus manías, todo lo que nos dejó. La seguimos echando de menos, pero estamos agradecidos de haber podido compartir tanto con ella. Era una diosa de tres kilitos. Esperamos encontrarnos de nuevo con ella en otro sitio.

Raquel

Preguntas y reflexiones para ti

Ahora que ya conoces un poco más a los felinos, pongamos el foco en ti. Tener algunas cosas claras ayuda a tomar mejores decisiones. Para ello, a continuación encontrarás una serie de preguntas que debes hacerte, así como algunas reflexiones al respecto. Meditar sobre ciertos aspectos te ayudará a saber qué tipo de gato te conviene adoptar y de qué edad. Te invitamos a que plasmes por escrito tus conclusiones.

Tómate todo el tiempo que necesites, ¡el paso que estás a punto de dar bien lo merece!

PREGUNTAS GENERALES

1. ¿Me quiero comprometer con un ser durante los próximos quince o veinte años con todo lo que eso implica en cuanto a tiempo y recursos?

En los tiempos que corren, el futuro implica adaptarnos, poner a trabajar nuestra creatividad y ser flexibles. De aquí a los próximos años puede que cambiemos de pareja o que no tengamos ninguna, que nuestra situación económica fluctúe, que queramos mudarnos e incluso que ya no estemos aquí (sí, hablamos de morirnos y de lo que pasa con nuestros animales cuando eso ocurre).

Al adoptar un gato, estás sumando un miembro a tu familia que estará bajo tu cuidado y que será tu responsabilidad cada día de su vida. Es algo grande, es algo importante, así que si lo vas a hacer a la ligera, mejor no lo hagas. Por esta misma razón jamás debe regalarse un animal. Un animal no es una cosa que se pueda obsequiar, es un ser vivo que quiere vivir con amor, con respeto y con dignidad. No es un objeto que se adquiere y luego se desecha.

Las personas que van a conformar su familia son las que deben elegirlo. Tenemos que asumir que hay una familia de sangre y otra que generamos con lazos de amor, de sostén, de disfrute, tragándonos malos ratos ajenos… El gato entra en esta segunda categoría.

2. En mi familia ¿todos estamos de acuerdo con la decisión?

Quizá tú quieres un gato, pero los demás miembros de la familia se niegan o no están convencidos. Es posible que esas personas luego terminen amando al felino, o puede que no. De cualquier manera, es necesario saber que, una vez que un gato entra en casa, va a interactuar con todos los miembros de la familia, quieran ellos o no. Así, si alguien de la casa está totalmente en contra o no está abierto a intentarlo, a lo mejor no es el momento de adoptar y hay que esperar a que las circunstancias sean más favorables. Porque, más allá de lo que tú deseas, están las necesidades del gato (como la de tener un hogar en el que es amado).

En conclusión, la familia al completo debe mostrar, como mínimo, respeto al ser vivo que llega.

3. ¿Puedo hacerme cargo (ahora y para siempre) de sus gastos diarios y extraordinarios?

Los gatos comen, cagan, se ponen enfermos y mueren. Y todo eso cuesta dinero. Muchas personas son reticentes a pagar a una protectora cien o ciento cincuenta euros por un animal porque «en internet los regalan» o porque «puedo coger uno de la calle». Perfecto. Pero eso ya dice mucho de ti. O bien no apoyas un sistema que rescata animales en situación de abandono a un coste personal y económico muy alto. O bien tu economía no es muy boyante, lo cual, ya sabemos, es injusto.

Pero, como personas adultas que somos, hemos de evaluar lo que queremos y lo que podemos hacer, para tomar buenas decisiones. Tener un animal no es un derecho, es una decisión que conlleva una gran responsabilidad. Piensa: si no puedes afrontar ese gasto, ¿cómo podrás pagar los servicios de una clínica veterinaria o darle comida digna a ese ser vivo? Un gato cuesta un dinero fijo al mes y tiene además gastos extraordinarios (cada vez más según pasan los años, como ocurre con las personas). Priorizar su salud a otras inversiones debe ser algo que te parezca lógico y natural. Nosotras nos hemos quedado sin vacaciones y sin salidas a cenar más de una vez porque algo grave le ha pasado a alguno de nuestros peludos y jamás nos planteamos que pudiera ser de otra manera, es lo que había que hacer y se hizo.

Dicho esto, queremos compartir contigo algo que suele ser incómodo: cuando te llevas un gato a casa, puede caer enfermo a los pocos meses o puede que le cueste adaptarse mucho más de lo previsto, por muy bien que lo hagas todo. La vida es así, es impredecible. Está bien pensar que todo va a salir muy bien, pero a veces hay sorpresas. Asumir esto no es fácil, pero hemos de ser honestas y coherentes, pues es justo lo que un gato necesita.

4. Si ya tengo un gato, ¿realmente necesito otro?

Las personas que tienen un gato a veces lo miran y piensan: «¿Necesitará compañía felina?», «Si tuviera otro gato, podrían jugar y no estaría tan solo cuando me voy a trabajar», «Me apetece tener otro gato, pero no sé si es buena idea». Hasta aquí todo bien, es muy natural que tengas estas ideas rondándote la cabeza.

Pero, igual que no todas las personas quieren hermanos, tampoco todos los gatos desean compañía. Si has decidido dar el paso de adoptar un segundo gato, no te guíes por los típicos consejos que aseguran que si tienes un macho debes adoptar una hembra o que si tu gato es mayor, aceptará mejor a un cachorro. No hay soluciones genéricas ni reglas exactas.

Más adelante te ayudaremos a identificar la personalidad de tu gato y eso te dará pistas sobre sus necesidades de socialización.

PREGUNTAS CONCRETAS SOBRE TI

1. ¿Cuáles son mis expectativas?

No nos engañemos, somos humanos y tenemos en nuestra cabeza un concepto idílico de lo que es convivir con un gato. Ninguna expectativa es mejor o peor, siempre que sea realista…

Es habitual que cuando ya hemos convivido con un gato o hemos conocido al de alguna persona cercana y nos hemos enamorado, lo tengamos en mente al adoptar. Nosotras te proponemos un ejercicio de reflexión sobre esos momentos compartidos con gatos, pues si piensas en esas interacciones con sinceridad y autoobservación, descubrirás qué gestos o actitudes de ellos te encantan y cuáles prefieres evitar. Haz una lista y acabarás juntando las piezas del puzle de lo que esperas de un gato.

Igualmente, te recordamos que un gato no se puede programar para que nos quiera y se deje coger de buen grado, o para evitar que tire cosas de las estanterías, se pasee por ellas o no se suba a nuestra cama por la noche, o para que sea silencioso o no juegue a esparcir la arena por toda la habitación. Lo que sí está en nuestra mano es buscar un perfil de personalidad en la que estas u otras características estén más o menos acentuadas para que sea más fácil que surjan la empatía y el cariño.

¡Ojo! No intentes sustituir a un gato al que adorabas y falleció con otro muy parecido. Cualquier ser vivo se merece ser apreciado por como es, más allá de los deseos y expectativas de la familia. Gatos y humanos necesitamos ser sostenidos, vistos, valorados y que nos ayuden a encontrar nuestro camino en la vida con respeto y amor para poder manifestar lo bonito que llevamos dentro.

2. ¿Qué necesito en mi vida?

Pensemos en una persona extremadamente cariñosa que necesita dar su amor a los que le rodean. Esa persona podría ser feliz con un gato asustadizo y huidizo, y quizá aprender mucho de esa relación; pero también podría frustrarse por querer ofrecer constantemente su calidez a un gato que evita el contacto continuamente.

Por el contrario, imaginemos que una persona que tiene dinámicas más independientes coincide en su hogar con un gato pegajoso y demandante, de esos que te siguen a todas las habitaciones y que no te dejan ni usar el inodoro sin estar presentes. Puede que eso le ayudara a generar un vínculo que no esperaba tener con otro ser o puede que se agobie al ver que no puede disponer ni de un minuto de su vida a solas.

Como humanos, buscamos cosas diferentes en todos los ámbitos, y los gatos también lo hacen. Creemos que conocerte bien a ti (lo que sientes, lo que piensas, lo que deseas, lo que prefieres…) puede ayudarte muchísimo a encontrar un buen compañero felino. Piensa si buscas un gato con una energía baja, media o alta; si necesitas que sea paciente con los peques de la casa; si te apetece jugar con él o si prefieres que te dé compañía y cariño, etc.

3. ¿Cuánto tiempo puedo dedicarle al gato?

¿Trabajas fuera de casa? ¿Cuántas horas? ¿Viajas habitualmente? ¿Cómo de intensa es tu vida social fuera de tu hogar? Y, cuando estás en casa, ¿cuánto tiempo puedes dedicar a tu felino? Porque quizá pasas muchas horas en casa, pero no puedes prestarle apenas atención porque teletrabajas la mayor parte del tiempo; o al contrario, a lo mejor tienes que desplazarte para ir a trabajar, pero estás deseando llegar y encontrarte con tu gato para compartir tiempo de calidad. Puede ocurrir como con las parejas que trabajan fuera de casa: que luego llegan al hogar y están tan enfrascadas en poner la lavadora, hacer la compra y preparar la comida que realmente no hablan ni comparten.

Como ves, es importante reflexionar honestamente sobre cuánto tiempo vas a poder estar con tu gato. Si va a ser muy poco, quizá no sea buena idea adoptar un felino muy pegajoso o dependiente o muy activo que se pueda aburrir con facilidad.

4. ¿Cuánto tiempo puedo invertir en su adaptación?

Una adopción, de alguna forma, es un secuestro. El gato se encuentra de repente en un transportín que lo lleva a un sitio que no conoce. No sabe si el nuevo entorno es peligroso, si los humanos que viven allí son amigos o enemigos, desconoce los ruidos y olores de ese territorio… Imagínate el miedo que debe de tener.

Por eso necesita pasar por un proceso de adaptación tranquilo en el que tu presencia y tu paciencia serán esenciales. Si tienes un viaje a los pocos días o semanas de la adopción, puede afectarle muchísimo. Si además hay otros animales en casa, hay que hacer las presentaciones, y estas pueden llevar varios días e incluso semanas. Asegúrate de que en el momento de la adaptación puedes darle la atención que necesita.

5. ¿Qué estado de salud del gato puedo y quiero afrontar ahora mismo?

Hay personas que están predispuestas a adoptar gatos con problemas crónicos o discapacidades. Obviamente, son igual de válidos, pero debemos estar muy bien informados sobre sus necesidades para poder cubrirlas (tanto económicas como de tiempo o emocionales). Estos gatetes también necesitan un hogar y una oportunidad, también buscan humanos que los sostengan y a los que amar.

En definitiva y en pocas palabras: adopta al gato con el que te sientas bien. Da igual lo que diga tu madre, la de la protectora o tu amiga la que ha tenido gatos toda la vida. Seguro que todas dicen las cosas con buena intención, valóralas. Pero si sientes que estás cediendo o que te han convencido, no lo hagas, es una decisión demasiado importante que puede terminar en una mala convivencia o en una devolución, con todo el sufrimiento y el trauma que eso conlleva.

Déjate llevar siempre por tu corazón y tu intuición. Cuando tienes delante a «tu gato», lo sabes.

Ya hemos aprendido muchas cosas sobre los gatos, sobre su crecimiento, su energía y sus necesidades. También has reflexionado sobre ti, sobre lo que buscas y lo que puede encajar mejor en tu vida. Nosotras creemos que en un mundo ideal todas las personas deberían pasar por este proceso antes de adoptar, aunque somos conscientes de que el amor a veces surge sin más. En cualquier caso, lo importante es que sepas que el gato es un miembro de la familia con muchos derechos y muy pocas obligaciones. Te recordamos que en Egipto eran considerados dioses y a veces parecen acordarse de esa época...

Pero ahora pasemos de la teoría a la práctica: ¿qué ocurre cuando un gato llega a tu vida?

3

VENTE A VIVIR CONMIGO

Tu compañero de piso

¿Cómo es vivir con un gato? Pues la realidad es que no lo sabrás hasta que convivas con uno. Y es que los vínculos que se crean con los gatos son muy estrechos, especiales y únicos. Hay muchas personas que definen la relación con su felino como «la más importante de mi vida», «el amor de mi vida», «el ser al que más he amado». Muchas.

Para las que todavía no hayan tenido la oportunidad de disfrutar de esta experiencia, haremos un símil más sencillo que el del amor eterno, diremos que tener un gato es como tener un compañero de piso.

Al principio de la convivencia todo es extraño. No os conocéis prácticamente de nada, pero ahí estáis, compartiendo el salón, la cocina, el baño, cada uno con sus costumbres y sus manías. Os cruzáis por el pasillo, coincidís mientras preparáis la cena, intercambiáis algunas palabras de cortesía, pero no hay todavía una intimidad en la que expresaros libremente, contar experiencias de vida o dialogar sobre los más y los menos de la convivencia.

Una vez que hayáis cogido algo de confianza, seguro que os saludaréis por las mañanas o al llegar a casa, compartiréis el sofá para ver una película y os iréis a dormir más o menos a la misma hora. Pero esto no quita que, a lo largo del día, podáis estar en habitaciones separadas sin que haya pasado nada malo. Cuando convivimos con un gato, también podemos disfrutar del tiempo en compañía y pasar tiempo a solas sin resquemor alguno.

Cada gato afronta la convivencia de distinta manera (exactamente igual que pasa con los humanos). Pero hay algo que todos tenemos en común y es que, al llegar a un nuevo hogar, necesitamos un tiempo de adaptación. Algo que, a veces, los humanos olvidamos cuando adoptamos. Hemos de tener presente que, para los gatos, los humanos podemos representar una caricia o una amenaza, así que precisan valorar la seguridad del nuevo territorio (para lo que marcarán con sus feromonas cada mueble y cada marco de cada puerta). También valorarán quién eres tú.

Esta adaptación será más rápida o más prolongada

según el tipo de personalidad. Algunos tienden a ser más seguros que otros, pero esto ya lo veremos en la segunda parte del libro.

Lo que sí es cierto es que dedicar tiempo al gato y brindarle apoyo emocional facilitará la tarea de adaptación. Lo ideal es que te conviertas en un referente que le ayude y le acompañe. Se trata simplemente de estar disponible para él, dejar que te huela, que sienta que estás cerca (sin agobiarle), que le ofrezcas (sin imponer) caricias, alimento o juego. En definitiva, de respetar sus tiempos y dejarle su espacio, pero mostrando que estás ahí si te necesita.

Con sinceridad, un gato no va a mostrarse cómo es en realidad hasta pasadas semanas, e incluso meses, de su llegada, igual que ocurre con la mayoría de la gente que empieza a compartir piso, ¿no? Y el cómo va a relacionarse contigo dependerá en gran medida de lo que tú te impliques. Cuanto más tiempo dediques a conocer y entender a tu gato, más fácil será que paséis de ser unos simples compañeros de piso a amigos que viven juntos, incluso de esos que no se separan nunca.

Tu gato te va a incomodar (probablemente tú a él también), es normal, es lo que tiene la convivencia. Por tanto, tendrá que haber negociaciones y, en ciertas cosas, tendrás que ceder tú y en otras lo hará tu felino. Si pretendes que sea él quien lo haga, te recomendamos darle un enfoque en positivo, es decir, sin castigos e intentando redirigir su atención hacia conductas más respetuosas para ti. Nada de espráis de agua, de líquidos que les repelan o de gritos.

También puedes tomártelo como un ejercicio de crecimiento personal. Los gatos nos enseñan a dar importancia a lo que de verdad la tiene y a darnos cuenta de qué actitudes son manías nuestras que se podrían cambiar. Ten presente que todo lo que hace el gato:

- es lo que hace normalmente su especie,
- forma parte de su personalidad o
- quizá algo va mal en su salud o en el entorno.

Antes de intentar que él cambie, evalúa si realmente su comportamiento es nocivo para alguien. Como en cualquier relación, también es bueno trabajar la aceptación y la flexibilidad. La confianza, el cariño, la cercanía…, todo es un juego de dos. Te tocará hacer tu parte, pero, ojo, aun poniendo todas tus ganas no te asegurarás ser automáticamente «la persona elegida».

En general, los gatos se vinculan estrechamente con un humano en especial dentro de la familia. Y, no te vamos a engañar, a ese humano lo escoge él. Tendemos a pensar que la ofrenda de recursos y estímulos, como proveer de comida húmeda, de chuches, limpiar el arenero o jugar con él, puede decantar la balanza por uno de los miembros del hogar. Esto ayuda, sí, pero no garantiza que ese miembro vaya a ser la persona de referencia.

Los gatos tienen la capacidad de empatizar más con unas personas u otras, ya sea por considerarlas menos amenazantes, porque no les imponen, sino que los respetan, porque sus energías se parecen, porque sus almas se encontraron en una vida anterior... Quién sabe. Pero si dedicas tiempo a cultivar vuestra relación, incluso aunque no seas su humano de referencia, ten por seguro que tendrás un lugar especial en su vida. Así que no te obsesiones con esta idea del «humano de referencia»; el resto de los miembros de la familia no estarán de relleno, probablemente cada uno tendrá un rol en el día a día del gato que puede ser muy importante para su estabilidad emocional y su bienestar. Sin embargo, sí notarás que escuchará de mejor grado a su referente, no solo a la hora de convencerlo de que no se suba a la encimera o de que deje en paz las plantas, sino para influir en sus emociones, contener su miedo en momentos de mucho estrés, calmarle en el veterinario, medicarlo con menos reticencia, etc. Él confía en esa persona, la cuida, sabe cuándo está enfermo, deprimido o muy contento y forma parte activa de su estado físico y emocional.

Ser esa persona es algo único y especial, es un gran superpoder que conlleva la gran responsabilidad de corresponderle. El gato nos acompaña y nos cuida, nos dedica un tiempo especial e individual, y nosotros debemos estar a la altura.

Tu gato y tú, dos vidas interrelacionadas

Quien tiene un gato tiene un maestro (si lo sabe ver…). En palabras de Eckhart Tolle: «He vivido con muchos maestros zen, todos ellos gatos». Vivir con un gato no deja impasible a nadie, no pasan de puntillas por nuestras vidas, van a tener un efecto sobre ellas. De hecho, ninguna de nosotras ha tenido un solo felino que no nos obligara a aprender, aceptar y crecer.

Ambas tenemos mil historias sobre gatos. Aquí te dejamos una que ilustra ese impacto:

Mimo fue mi primer gato y, no me preguntes por qué, yo sabía que no viviría mucho. Lo adoraba. Me podía perder mirando sus ojazos verdes, que con mucha soltura mantenían mi mirada como si supiera qué había exactamente en mi alma. Yo no quería pensar en el momento en que no estuviera en mi vida. Dicho claramente, tenía un apego poco sano. Me angustiaba pensar que, por pura probabilidad, le vería morir y que habría un día en que faltaría en mi vida. Sabía que eso no era justo, porque si él quería irse, tenía derecho a hacerlo con mi aprobación y sostén. Así que me apunté a una formación sobre comunicación animal. La profesora era experta en duelo animal y supe que me ayudaría a soltar cuando fuera necesario. Me costó aceptar que se podía ir en cualquier momento (como cualquier ser vivo) y que era su derecho hacerlo sin que lo que yo sintiera supusiera una carga. Tengo que decir que, efectivamente, Mimo no estaba bien. Tenía una cardiopatía no diagnosticada que hizo que a los siete años se despidiera de su cuerpecito y se fuera a un lugar mejor. Y sí, yo le di permiso para seguir su camino con serenidad y mucho amor, aunque lloré todo lo llorable. Porque soltar no quiere decir que no duela, sino que aceptas lo que pasa sin quedarte enganchada en lo injusto que es que tu gato no viva para siempre. Me rendí al hecho de que, si se iba en ese momento, debía de ser porque era lo que tocaba, sin más. Después de él llegaron otros gatos y gatas, ninguno igual, pero cada uno con una lección vital que ofrecerme.

Raquel

Mimo le enseñó a Raquel el amor sin condiciones, a soltar y a aceptar un maestro de otra especie; Lorna fue la protagonista de una historia de amor triste que no llegó a ocurrir; Sofía le hizo replantearse su relación con la belleza, con la feminidad y con el poder personal; Atreyu se encarga de las lecciones de paciencia, amor verdadero y perseverancia; Ender de las de límites, coherencia y aceptación, e Ikki de las de respeto por los tiempos, seguridad y juego.

A Eva, Gato (sí, se llamaba así) le enseñó que la vida a veces no es como una quiere y hay que aceptarlo; Gato 2 (sí, este también se llamaba así) le dio lecciones de desapego muy duras; Chiky fue su gran amor, la hizo estudiar y le abrió el camino de lo que estaba por venir; Polar le mostró que, además de querer, puedes ser querida; Aranel representa la convivencia dentro de la independencia; Peter la fuerza a gestionar la falta de control; Shinobi es su espejo y la obliga a ver lo que hay tras el miedo; Bicho le aporta alegría y diversión y la enseña a dar por el placer de dar.

Adoptar es aceptar la responsabilidad sobre una vida, asumir que cada una de tus decisiones afectará a tu gato, a su salud mental, emocional y física. Y lo peor: entender que tu estado anímico también lo hará.

Si tú tienes estrés, tu gato lo sufrirá. El día que vuelvas a casa triste, sabrá que algo ha pasado. Conocemos no pocos casos en los que los gatos tienen enfermedades similares a las de sus humanos de referencia. Por ejemplo, una investigación de la Universidad de Oakland pudo demostrar cómo los felinos se comportaban de manera distinta dependiendo de si su responsable sonreía o se mostraba enfadado. Se llegó incluso a sugerir que, con el tiempo, los gatos pueden aprender a leer las expresiones faciales de su humano. ¿No es alucinante?

En el Reino Unido, la Universidad de Nottingham Trent, realizó un estudio en 2019 cuya conclusión fue que, si tenemos estrés o ansiedad, nuestros gatos también lo padecerán y hasta pueden llegar a desarrollar problemas de salud o de comportamiento. Su seguridad está en gran parte basada en la de su humano, por lo que, si este no está bien, le afectará directamente.

Así que no te extrañes si en algún momento pides ayuda a una persona especializada en bienestar animal y te indica que quien debe realizar cambios eres tú. Es de lo más normal y seguro que lo que te propone será lo mejor para tu gato y para ti.

Quizá te cueste cuidarte, pero a lo mejor cuando sepas lo importante que es tu bienestar para tu felino, puede que te animes a hacer cambios positivos en tu vida. Tal vez al escuchar, por ejemplo, que los piensos con cereales son malos para los gatos, busques uno nuevo (o pruebes la dieta BARF) y comiences entonces a hacerte preguntas sobre lo que deberías quitar de tu propia dieta. O quizá en tu deseo de rebajar el estrés de tu gato, te veas en la obligación de revisar tu estilo de vida. Entender su necesidad de jugar cada día para estar bien también puede hacerte reflexionar: «¿Cuánto me permito yo sacar mi lado juguetón y divertido?». Incluso puede que tu gato deje muy claro cómo le cae una posible pareja tuya. Te sugerimos que tengas en cuenta su opinión, suele tener sus razones…

Si estás leyendo este libro, probablemente es porque quieres lo mejor para tu gato, así que queremos revelarte una idea importante: cuidarás a tu gato en la medida en que te cuides tú.

Al adoptar un gato, adoptas compañía, amistad, responsabilidad y una profunda capacidad de reflexión. Puede que seas de esas personas que no harían cambios en su vida para cuidar de su salud, pero que sí los harían porque están afectando a alguien a quien quieren, como una mujer que deja de beber alcohol cuando se queda embarazada. Pues bien, ese ser, en muchos casos, es un gato.

Nosotras hemos estudiado por ellos, ido a terapia por ellos, discutido por ellos y nos hemos colocado en lugares más sanos para ambas por ellos.

Para muchas personas, tener un gato no es así en absoluto. Alguien que nunca se ha permitido pensar en su bienestar, cómo va a detenerse a tener en cuenta el de otro... Pero a veces ocurre que se enamoran de su gato y eso las lleva a ciertos planteamientos. Otras veces no; por desgracia, en la sociedad actual demasiada gente debe centrarse en sobrevivir sin más.

Los gatos simbolizan la independencia, el poder del inconsciente y la libertad, temas peliagudos porque implican mirar por ti, priorizarte, poner límites, reflexionar sobre tus preferencias y necesidades, reevaluar tu sistema de creencias, etc.

En 2017, se realizó un estudio en varias universidades de Estados Unidos (Universidad de Florida, Universidad Carroll y Universidad Marquette). Los psicólogos que lo llevaron a cabo querían averiguar qué aspectos influían para que hubiera «personas de perros» y «personas de gatos». Participaron cuatrocientas sesenta personas, de las que cuarenta y dos quedaron fuera del estudio porque amaban a ambos peludos. A los que permanecieron se les hizo un cuestionario sobre sus rasgos de personalidad poniendo sobre todo el foco en su conducta social y en sus relaciones interpersonales. Los resultados mostraron que, en no pocos casos, la preferencia por una de las especies estaba influenciada por la personalidad y por haber crecido con una u otra.

En cuanto a la personalidad, los autores del estudio compartían: «Estos hallazgos describen las personalidades de la persona promedio con gatos como tímida, solitaria, impersonal, seria e inconformista, pero también creativa, sentimental, independiente y autosuficiente». Las personas amantes de los perros fueron descritas como «pragmáticas y obedientes, así como cálidas, extrovertidas, sociables, expresivas y orientadas al grupo».

Una de las conclusiones apuntaba a que las personas que preferían a los perros tenían más tendencia a respetar las reglas, mientras que las que se inclinaban por los gatos obtuvieron puntuaciones más altas en las pruebas de razonamiento lógico e inteligencia general.

En este capítulo hemos visto que los gatos nos afectan tremendamente y ponen nuestra vida patas arriba. Como grandes maestros que son, nos hacen preguntarnos muuuchas cosas sobre la vida en general y sobre la nuestra en particular. Los miramos y nos perdemos en sus ojazos mientras intentamos comprender en profundidad el vínculo que estamos forjando. En otras palabras, es normal preguntarse: «*¿Purrr* qué mi gato es así?».

La respuesta no viene dada por el hecho de si es macho o hembra, naranja o negro. Tu gato es así porque es su tendencia de personalidad y si tú lo has elegido, asumimos que es porque para ti, en este momento, es perfecto.

Pero ¿cómo comprender mejor a ese ser con el que convives? ¿De qué manera puedes aceptarlo y mejorar vuestra convivencia? Justo de eso queremos hablarte.

4

PERSONALIDADES
Y *PURRRSONALIDADES*

¿Qué es el Eneagrama? ¿Y por qué es tan interesante?

Se dice que la CIA y el FBI usan el Eneagrama. A los trabajadores del servicio postal de Estados Unidos les han enseñado a usarlo para resolver conflictos. También en el Vaticano los clérigos han recibido esta formación. Se habla de este sistema en la revista *Forbes*, en el *New York Times* y en el *Wall Street Journal*... Pero ¿qué es el Eneagrama?

Si consultamos el *American Journal of Psychiatry*, veremos que lo define como «una teoría de la personalidad que describe nueve estrategias por las cuales la psique desarrolla una forma de ver el mundo y de relacionarse con uno mismo y con los demás». En palabras más sencillas, es una forma de clasificar los tipos de personalidad en nueve categorías. Cada una de estas nueve personalidades tiene un miedo básico, un deseo básico y unas estructuras de personalidad que determinan su manifestación en el mundo y su manera de percibirlo.

El Eneagrama es una herramienta que desde hace años se usa para el crecimiento personal, en terapia, para gestionar empresas o para construir personajes literarios o de cine. La novedad es que uno de los psiquiatras más reconocidos del mundo, el doctor Daniel J. Siegel, y otros cuatro científicos han realizado una investigación durante quince años que ha aportado una dimensión neurobiológica al Eneagrama.

Cuando el doctor Siegel conoció a Claudio Naranjo, también psiquiatra, empezó a sentir cierta curiosidad por el Eneagrama. Más tarde, los profesores de Eneagrama David y Denise Daniels, él profesor de Psiquiatría en Stanford y ella psicóloga y autora, lo invitaron a una formación a la que también asistió Helen Palmer. Si ya conoces el Eneagrama, sabrás que Naranjo y Palmer son dos vacas sagradas en este sistema.

En esa formación, Siegel comenzó una aventura con otros cuatro científicos que duraría quince años y que desembocaría en un modelo basado en la neurobiología y el Eneagrama.

Durante esos años, entrevistaron a miles de personas a las que preguntaron a qué emoción tendían más cuando pensaban en su infancia: miedo, enfado y tristeza o estrés por separación. Los participantes también debían identificar si su foco de atención estaba más en su interior, en el exterior o en ambos. Con estos datos llegaron a la conclusión de que hay nueve formas básicas de manifestarse y de percibir el mundo que coinciden con los tipos de personalidad del Eneagrama, y que estos resultan ser una tendencia innata. Dicho de otra manera, al nacer, tu cerebro ya viene programado con una tendencia de personalidad concreta, no se puede cambiar.

Para nosotras, esto se puede aplicar a los gatos. Ellos también tienen su personalidad al nacer y no van a cambiar por ti ni por sus experiencias. Es decir, que un gato que es propenso a tener miedo va a tender a sentirlo más que la media por mucho que tú practiques meditación a diario y tu casa sea un remanso de paz. Entonces ¿qué puedes hacer tú por él? Conocer su tendencia y aceptar que es así para ayudarle a que los episodios de miedo sean más breves y a que, cuando este se active, sepas qué hacer para equilibrarlo y para conseguir que el mal rato dure lo mínimo.

Como hemos dicho anteriormente, es necesario que te conozcas a ti para después conocer a tu gato y poder trabajar de la mejor manera posible en vuestra relación y convivencia.

Tu personalidad

Para la mayoría de la gente es normal aceptar que cada ser humano es diferente y único, ¿verdad? Entonces, ¿qué sentido tiene pensar que todos los gatos son iguales? Ninguno.

Quien ha tenido más de un gato ha podido comprobar, sin lugar a dudas, que cada felino que llega a nuestra vida tiene una personalidad propia. De hecho, la palabra personalidad deriva de persona, cuyo origen etimológico viene del latín (y este del etrusco) y hacía referencia a la máscara que usaban los actores.

Pero como los gatos no son personas, nosotras nos hemos tomado la libertad de acuñar un nuevo término para referirnos al equivalente felino. Sería *purrrsonalidad*.

Volvamos por un momento a los humanos. Nuestra personalidad sería efectivamente una máscara, algo que nos ponemos para sobrevivir en este mundo lleno de retos. Es nuestra mejor defensa.

A nosotras nos gusta definir así la personalidad:

«Tu personalidad es tu manera de pensar, de sentir, de comportarte y de interpretar la realidad. Desde tu infancia, aunque haya una evolución, hay cierta tendencia a repetir patrones. Tu personalidad es lo que te permite manejarte en el mundo y está relacionada con la manera en la que te ves a ti, con cómo ves a los demás, con lo que te ocurre y con cómo consideras que te perciben otras personas».

Para entender esta defensa que nos fabricamos, a día de hoy, como ya hemos comentado, no hay mejor sistema que el Eneagrama. Es un conocimiento que mezcla sabidurías antiguas con psicología y ciencia actual para dividir en nueve los tipos de personalidad básicos que existen. Cada uno de ellos recibe el nombre de «eneatipo».

¿Y para qué te sirve conocer tu eneatipo? Básicamente, para trascenderlo. Dicho de otra manera, tú te ves de una manera, normalizas conductas, tienes un sistema de creencias determinado, interpretas lo que ocurrió en tu infancia con un filtro propio, das más importancia a unos valores que a otros, te relacionas y te comunicas basándote en ciertas premisas. Vale, pues conocer tu tipo de personalidad desde el Eneagrama supone evaluar de nuevo todo lo anterior. ¡Casi nada!

Al descubrir tu eneatipo, entiendes que una cosa es la intención con la que tú haces o dices algo y otra muy diferente cómo eso se percibe desde fuera. De pronto te planteas si la manera en la que te muestras al mundo te hace daño sin que te des cuenta, te observas a ti y las relaciones de tu vida con una claridad extrema para tomar decisiones más amorosas, menos reactivas, más claras.

Al convivir con un gato, nuestra personalidad se encuentra con su *purrrsonalidad*, a la que definiremos como:

«La manera en la que un gato siente, reacciona, responde y se relaciona con la realidad. Desde su infancia, aunque haya una evolución, hay cierta tendencia a repetir patrones de conducta. La *purrrsonalidad* le permite asegurar su supervivencia y, más allá de esta, le da herramientas para conseguir un estado de bienestar en el que no le falte alimento, seguridad, juego y compañía».

¿Empiezas a ver conexiones?

Aceptar a nuestro peludo es algo básico. Es como aceptar a tu pareja: si no lo haces, te traerá problemas seguro.

Siempre ha estado muy extendida la idea de que si hay cosas que no nos gustan de nuestra pareja, ya las cambiaremos. Pero si nos paramos un momento a reflexionar sobre esta idea, veremos que parte de la base de otras dos:

1. Tenemos el superpoder de cambiar a otras personas.

2. En el fondo, no nos gusta lo que hay.

Bien, pues sentimos decirte que tanto con los gatos como con las parejas hay una máxima que hay que aceptar: no van a cambiar por ti. Así que si no te gusta lo que ves, no lo elijas para la convivencia. Cuando eliges, has de abrazar lo que te agrada y respetar aquello que no te gusta tanto. Como en un matrimonio, con nuestro gato tenemos que estar ahí para lo bueno y para lo malo.

Este libro que tienes en tus manos es el primero en aplicar el Eneagrama al mundo felino. ¿Por qué lo hemos hecho? Porque creemos que siempre siempre es más fácil amar y aceptar aquello que conoces. Y el Eneagrama es la herramienta de autoconocimiento por excelencia.

Hemos vivido en carne propia lo que supone no aceptar al gato que tienes en casa y lo que ocurre cuando abres tu corazón a la realidad de la relación. Te contamos nuestras experiencias porque quizá te esté pasando algo así a ti:

Gatito siempre fue un gato muy enfermo y con el que tuve que pelear muchísimo para darle las medicaciones. De pequeño me tocó darle muchos fármacos y eso hizo que, más adelante, no pudiera ponerle la mano encima porque salía huyendo. Me era muy difícil aceptar que mi gato me quisiera tanto y que a la vez me tuviera tanto miedo. Intentaba acercarme y él huía, se escondía. Era muy complicado. Hasta el día en que acepté que iba a tener un gato al que no iba a poder achuchar. Él estaba sano, era feliz en casa. Pero era lo que había: mi gato no me iba a dar el cariño que yo en ese momento precisaba. Cuando por fin lo acepté, Gatito cambió. Empezó a derretirse conmigo, me buscaba en la siesta, por las noches hacía la cucharita conmigo. Cuando yo empecé a evitar que él se sintiera oprimido, a no coartar su libertad o a demandarle cariño cuando yo quería, de repente se volvió el gato más cariñoso del mundo.

Eva

Mi pareja adoptó a Sofía antes de que nos fuéramos a vivir juntos, así que yo no tuve ninguna voz en esa decisión. Cuando empezamos a convivir, me di cuenta de que yo nunca la hubiera elegido para compartir mi vida con ella. Había algo en su forma de actuar que no me encajaba, pero supuse que le cogería cariño con el tiempo. Así fue, pero pasaron los años y yo empecé a sentirme mal. Con los demás gatos, mi nivel de conexión era profundo, nos mirábamos a los ojos, nos buscábamos y sentía que había algo que nos unía. Con ella no.

Era la gata de mi chico, pero para mí no era más que una compañera de piso. Nos respetábamos y ya está. Me di cuenta de que algo en ella me perturbaba y, como terapeuta, asumí que era mi responsabilidad saber qué era. La sentía distante, me incomodaba que fuera tan diva, tan digna, tan segura de sí. Me di cuenta de que su elegancia, su manera tan firme de marcar límites y esa parte de ella que sabía que no merecía menos me irritaban. Y eso pasaba porque yo no me permitía todo eso. ¡Zas! Fue un shock *descubrirlo, otro aceptarlo y otro integrarlo. Al hacerlo, algo se soltó dentro de mí y, de un día para otro, la gata empezó a buscarme. Me tumbaba y venía conmigo, dejaba que la acariciara durante horas y llegó el día en que nos enamoramos perdidamente la una de la otra. Y todo empezó en el momento en que yo acepté cómo era ella: una diosa que no se molestaba en ocultarlo.*

Raquel

En cualquier relación, cuando dejas de exigir, juzgar o criticar al otro, cuando lo aceptas de corazón, todo empieza a cambiar y a crecer. Se produce la magia y lo mejor de cada miembro (sea humano o felino) sale.

Desde ahora, queremos que sepas que no hay un gato mejor que otro. Cada cual es diferente y único.

Si vives con tu felino desde hace tiempo, más adelante encontrarás muuuchas claves para saber a qué tipo pertenece. Pero si lleva pocos meses en tu hogar, no intentes aplicar lo que leas por ahora. Espera un poquito. Recuerda que los gatos no muestran cómo son hasta que se sienten cómodos, en casa.

Algo que también va a influir en la adaptación son vuestros tipos de personalidad. En esos primeros meses ocurre lo mismo que cuando llegas a un trabajo nuevo: al principio hablas poco de tu vida, intentas caer bien, vas observando lo que hay... Eso también pasa con el gato. Su prioridad es sobrevivir y eso es lo que hace, por lo que mostrará solo ciertas partes de él. Tenlo en cuenta, es un gran aprendizaje.

¿Qué puede facilitar ese proceso? Tú.

Si su humano de referencia se conoce a sí mismo, sabe gestionar sus emociones y respeta los espacios del peludito, todo es infinitamente más fácil.

Aunque esto no es un manual de Eneagrama para humanos, por si es la primera vez que entras en contacto con este sistema, queremos compartir unas pinceladas de los nueve tipos de personalidad. Pero antes queremos responder algunas dudas frecuentes que suelen surgir:

- Sí, todo el mundo tiene solo una de las nueve personalidades. Puedes tener algunas características de otras, pero solo una es la tuya básica.
- El tipo de personalidad lo tienes desde que naces, es tu manera del filtrar el mundo.
- No, no hay una personalidad mejor que otra.
- No, el Eneagrama no pretende limitarte a un número o a un tipo de personalidad. De hecho, es justo lo contrario, trata de romper los límites que tú te has puesto con los años.
- No, tampoco es un test de personalidad, es un sistema de autoconocimiento que habla de tu yo más profundo, que te enseña tu potencial y cómo relacionarte mejor.
- Sí, nosotras lo usamos a diario con humanos y felinos y eso nos facilita increíblemente la vida.

Ahora vamos a contarte un poco sobre cada tipo de personalidad humana.

Eneatipo 1: el reformador

Recibe este nombre porque, al mirar el mundo, estas personas ven todo lo que está mal en él y quieren cambiarlo. Tienen un ideal en su cabeza sobre sí mismas, sobre su pareja y, cómo no, muchas veces sobre su gato. Son perfeccionistas y quieren las cosas hechas a su manera (que suele coincidir con lo que consideran correcto). Para estas personas que un felino arañe sofás, abra cajones o maúlle «cuando no debe» puede suponer todo un reto. En su camino está el aceptarse a sí mismas y a los demás seres tal y como son para conseguir la paz interior. Y en eso su gato las puede ayudar mucho.

Eneatipo 2: el ayudador

Los ayudadores quieren escucharte, darte consejos, estar ahí para ti y que los veas como a personas buenas y generosas. Les cuesta aceptar que tú los ayudes, contarte lo que necesitan claramente o priorizarse. De hecho, quitan importancia a lo que necesitan, algo que a la larga se vuelve en su contra. Puede que les cueste ponerle límites a su felino, que lo humanicen un poco o que lo invadan con sus atenciones bien intencionadas. También pueden frustrarse si no reaccionan a sus cariños como esperan. De sus felinos pueden aprender a ponerse por delante y a cuidarse.

Eneatipo 3: el triunfador

El triunfo es aquello que te han contado tu familia y la sociedad (a menos que seas de los que se plantea seriamente qué es para ti). Este tipo de personalidad confunde el éxito y la admiración con el valor interno de cada uno. También quiere conseguir sus objetivos a toda costa y, a menudo, se desconectan de su cuerpo para lograrlo. Con respecto a su gato, puede tener ciertas expectativas estéticas y de comportamiento, como querer que sea muy sociable con las visitas o que haga ciertas monerías. De su felino puede aprender la naturalidad, el juego y a priorizar lo realmente importante: vivir el presente y disfrutarlo con quien amas.

Eneatipo 4: el individualista

Este eneatipo quiere saber quién es. Para ello, mira fuera y, sobre todo, dentro de sí mismo, prestando mucha atención a su mundo emocional, con el que puede llegar a identificarse. Al tener un felino, puede esperar que sea el más especial del mundo o que su conexión sea algo muy místico escrito en las estrellas. Pero las relaciones se construyen, así que, de suceder así, normalmente nada de eso se dará *ipso facto*. Su gato puede ayudarle a estar presente sin que su mundo emocional los arrastre. Una vez que se afiance la conexión, el gato hará que sienta que alguien lo comprende y lo ve tal como es, con el alivio que eso supone.

Eneatipo 5: el investigador

Cuando sientes que el mundo es un lugar complejo y peligroso, quieres tener información de lo que ocurre para poder manejarte mejor. Es lo que le pasa al eneatipo 5. Ese miedo hace que se mantenga a cierta distancia de otras personas, ya que las relaciones le resultan impredecibles e incluso invasivas. Al plantearse adoptar un gato, lee mucho, quiere saberlo todo y desea tener todo preparado antes de que llegue a casa. Tener un felino hace que se relacione con alguien sin miedo, con el corazón expuesto. Muchas personas creen que este eneatipo responde a alguien seco y distante hasta que lo ven deshacerse en carantoñas con su gatito.

Eneatipo 6: el leal

Una persona seria en sus compromisos, tenaz en lo que se propone y alguien que desea prevenir riesgos de manera exhaustiva (porque todo puede salir mal). En sus relaciones personales desconfía, pero si te la ganas, puede convertirse en una amistad para toda la vida. Por tanto, sabe apreciar a los felinos y no se toma de forma personal que a su gato le lleve tiempo confiar (al fin y al cabo, el eneatipo 6 hace lo mismo). De primeras, puede estar en contra de tener gato por los pelos o por lo que se pueda estropear, hasta que vive la experiencia y se le pasa todo. Entonces se vuelve un humano de referencia hiperresponsable aunque un poco hipocondriaco a veces.

Eneatipo 7: el entusiasta

Divertirse, buscar nuevos planes, probar experiencias nuevas puede ser muy emocionante, y también una huida del propio interior… Es lo que le pasa al entusiasta: le cuesta parar, oler las flores, sentir el viento en la cara. Eso nunca es suficiente. Compartir la vida con un gato le puede traer al huidizo presente mientras lo acaricia, lo cepilla o no se puede mover porque lo tiene encima. A veces querrá jugar o acariciar a su gato cuando este no esté receptivo, y le costará entenderlo, ya que hará todo lo posible para que no se aburra nunca: gatificar la casa, comprar juguetes o cambiar de comida cada tanto.

Eneatipo 8: el desafiador

Retar y aceptar retos, vivir la vida de manera intensa y hablar claro es algo normal para un eneatipo 8. Esto puede molestar a su entorno, pues este tipo de personalidad considera el conflicto algo estimulante. Además, es habitual que marque claramente los límites de su relación contigo, tal y como hace un gato. Al compartir su vida con un peludo, puede que al principio intente imponer sus normas y se frustre cuando vea que no son acatadas. El eneatipo 8 debe aceptar que el gato se considera su igual y que, por lo tanto, así quiere ser tratado. Una vez que lo haga, sacará su parte juguetona y amorosa y, naturalmente, aceptará el desafío de conquistar su corazón.

Eneatipo 9: el pacificador

Tener paz es su objetivo. Pero la vida está llena de conflictos internos y externos que esta personalidad tiende a bloquear. Lo hace cuando no sabe qué prefiere, siente o desea, amoldándose al entorno. Dentro de su tendencia a la rutina, puede que no se pregunte cómo mejorar la vida de su gato o que niegue que su felino tiene algún problema hasta que sea algo grave. Convivir con un gato le mostrará cómo es alguien capaz de saber lo que quiere sin temer las reacciones ajenas. Mirar a su peludo le dará paz y, al mismo tiempo, le podrá enseñar a amarse de manera más activa.

Como ves, cada tipo de personalidad tiene una manifestación, unas necesidades, unas prioridades y un filtro con el que ven el mundo. Exactamente lo mismo pasa con los gatos.

Si te conoces en profundidad, es más sencillo que puedas permanecer con la mente abierta para conocer a tu felino, que muestres más receptividad y tengas más capacidad de observación. Saber cuál es tu tipo de personalidad es el primer paso para salir de una estructura que normalmente te aprisiona: la historia que te has contado sobre quién eres y sobre qué puedes o no puedes hacer.

Es importante que sepas que todos los tipos de personalidad humana son compatibles con todos los tipos de personalidad felina, no hay un emparejamiento perfecto que te podamos recomendar, no hay nada predeterminado. El universo coloca a cada gato en su lugar, sin más. El que te llega como compañero de vida siempre es el correcto.

El «punto gatillo»

Nos gustaría compartir contigo un último detalle antes de zambullirnos en el mundo de las personalidades felinas, un dato importante sobre tu gato que puede facilitar vuestra relación. Para los gatos, hay tres prioridades:

- Recursos y seguridad.
- Juego y estímulo.
- Cariño y relaciones.

Cada individuo, independientemente de su tipo de *purrrsonalidad*, las tendrá en diferente orden. Habrá una que ignorará, otra que ni fu ni fa y una que valorará por encima de las otras dos concediéndole especial atención o preferencia en su vida. Esta última es como un fetiche para él, su punto débil, un resorte interno que lo hace saltar fácilmente. Nosotras lo hemos bautizado con el predecible nombre de «punto gatillo». Conocer cuál es ese punto en tu compañero felino acelerará su adaptación y mejorará vuestra convivencia y relación. Te ponemos algunos ejemplos para que logres identificarlo:

- Si al llegar a tu casa, tu gato está muy asustado y solo sale cuando le pones comida húmeda, te estará diciendo que su prioridad es tener recursos y seguridad. Puedes aprovechar ese momento para quedarte cerca y demostrarle que no eres una amenaza.
- Al gato que tiene de «punto gatillo» el juego y el estímulo puede costarle interactuar contigo, pero si mueves un cordón o se te cae una bolita de papel, saltará a jugar sin percatarse de que tú estás ahí (incluso puede llegar a asustarse cuando se dé cuenta). Si este es tu caso, hazte con plumas y cuerdas y dale tiempo a que asocie que, si tú estás presente, todo es más divertido.
- Si sus prioridades son el cariño y las relaciones, cuando estés en calma, le entrará curiosidad y quizá te observe desde la distancia antes de irse acercando. Si está en una habitación haciendo su adaptación, puedes simplemente coger un libro y ponerte a leer en su entorno. En ambas situaciones, la idea es que sepa que tú estás y que puede acercarse cuanto quiera. Ofrécele tu mano para que te huela y prueba a tocarle las mejillas.

Has de saber que el hecho de que tu gato tenga una prioridad no quiere decir que la vaya a manifestar abiertamente desde el principio. Tendrás que ir probando con cada una y, cuando tengas claro cuál es, repetir interacciones e ir afianzando su confianza. Según vaya construyéndose la relación, puedes ir conectando ese «punto gatillo» con las demás prioridades. En el caso, por ejemplo, de que sean el juego y el estímulo, puedes lanzarle snacks para que los persiga («recursos y seguridad») y luego acariciarlo («cariño y relaciones»).

Si lo piensas, los humanos también tenemos estas prioridades. Imagina que un amigo te propone un plan: asistir a un curso de cocina, ir a un concierto o quedar a charlar íntimamente. ¿Qué te atrae más?

Ahora sí, vamos a entrar en nueve mundos distintos, a conocer nueve maneras de manifestarse y filtrar la realidad. Esperamos que descubras que tu gato no es raro ni impredecible, que tiene una manifestación muy concreta y que conocerla hará vuestra vida más sencilla. Seamos más poéticas: hará que vuestra historia de amor sea más real, más respetuosa, más profunda.

SEGUNDA PARTE

5

ENEAGATO: LAS NUEVE
PURRRSONALIDADES

Este libro no sirve para justificar que tu gato haga una cosa u otra, sino para entenderlo, para ayudarle a vivir mejor y para mejorar tu relación con él. Tu gato no solo es así, es mucho más.

Si te preguntas quién puede decirte el tipo de personalidad que tiene tu gato, la respuesta es tú. La persona que convive con el animal y que, por tanto, sabe de sus costumbres, necesidades, reacciones y manías es la más indicada para reconocer su personalidad o, dicho de manera más correcta, dadas las circunstancias, su *purrrsonalidad*. Así que no vayas a casas de tus amigos intentando adivinar el tipo al que pertenecen sus gatos. Es cosa de cada humano evaluar a su felino.

Como ya hemos dicho antes, tampoco valores a tu gato si acaba de llegar a tu hogar o si es un bebé. En ambos casos, espera al menos cuatro meses para ver sus rutinas. A partir de ahí, comienza a observarlo y ve consultando este libro. Analízalo cuando esté relativamente sano, sin mucho miedo y sin estrés, pues en esas condiciones no actuará según su personalidad. Recuerda que los gatos son felinos y que estos están programados para no mostrar debilidad ni enfermedad. En definitiva, tu compañero animal sabe fingir.

Con esta guía, queremos que puedas identificar los rasgos propios del tipo de personalidad de tu peludo pero sin olvidar que es un ser individual y único. Para ponértelo más fácil, comenzamos la descripción de cada tipo con una serie de afirmaciones asociadas a ellos. Si reconoces a tu gato en la mayor parte de ellas, es posible entonces que pertenezca a ese tipo de personalidad. No hace falta que coincida en todas, ni que sea exactamente igual al ejemplo que ponemos; con que sea parecido y lo identifiques en la mayoría, tendrás ya una pista.

Especial atención merece el apartado que en cada personalidad hemos dedicado a la salud. Los felinos tienden a esconder su malestar, así que si observas que tu gato no está bien, quizá sea algo grave. Cualquier cambio en su conducta habitual puede ser un síntoma, tenlo presente. En nuestra experiencia, los gatos suelen manifestar pequeñas señales que debes detectar para buscar ayuda si es necesario. Es importante.

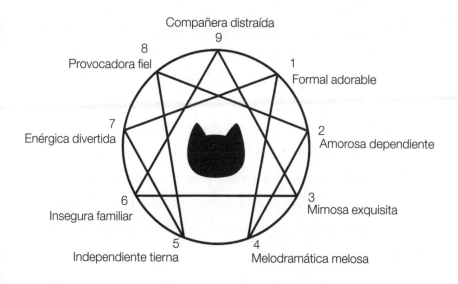

El Eneagrama se basa en un dibujo. De hecho, la palabra significa «dibujo de 9». Tu gato encaja en uno de estos tipos de personalidad, pero esta va mucho más allá que lo que ahora vamos a contarte. Lo que vas a aprender en este libro son tendencias y cómo funciona parte de su mundo interno para poder profundizar en vuestro vínculo.

Puede que lo veas reflejado en más de un tipo, es normal. En el fondo, seguro que tiene un poco de todos, pero de uno de ellos tendrá más. Una vez que lo localices, verás que también tiene rasgos de las personalidades que tiene al lado y de aquellas a las que está unido por las líneas internas del dibujo del Eneagrama. Es decir, que si, por ejemplo, identificas a tu gato con la personalidad 8, es posible que tenga influencias de la 7 y de la 9, que son las que tiene al lado (en Eneagrama se conocen como «alas»), y de la 2 y la 5, que son los tipos de personalidad a los que está unido por las líneas de dentro del círculo (también llamadas «flechas»).

Diviértete observando todas las sutilezas que tu felino puede desplegar en toda su magnificencia. Y recuerda que si identificas a tu gato en muchas de las afirmaciones iniciales, ¡es posible que hayas dado con su tipo de *purrrsonalidad*!

TIPO DE PERSONALIDAD 1: FORMAL ADORABLE

A este gato le gustan la paz, la tranquilidad, la calma y la rutina. Es maniático y tiene mucho autocontrol. Cuando algo no le gusta, es capaz de mantener una calma aparente. No tiende a ser un gato curioso, es más bien suyo. Si quiere algo de ti, no es un gato zalamero, pero de primeras es amable y puede llegar a ser hasta pesado si no le haces caso.

Afirmaciones tipo 1

Al leer estas afirmaciones ¿identificas a tu gato? ¿En cuántas del ellas? Márcalas. Si son muchas ¡quizás sea su tipo de personalidad.

- Me mira de forma intensa y seria; a veces parece que me juzga.
- Tiene una apariencia rígida y digna, pero si viene a pedir amor o estamos dándonos mimos, se derrite en mis brazos.
- A veces, cuando lo cojo en brazos, se siente invadido. Se revuelve y se enfada, como si le estuviera faltando al respeto.
- Es muy estricto con la arena. No le gustan los cambios y necesita que esté limpia para usarla… o puede haber consecuencias.
- Le gusta jugar siempre a la misma hora, en el mismo lugar, con el mismo juguete y de la misma forma.
- Comprende las reglas de la casa, tanto para seguirlas como para saltárselas. Y si no las cumple, suele ser porque considera que yo no he hecho mi parte.
- Es de poco maullar, es más de hacer ruiditos cuando algo le encanta o le molesta.

- Ante la tensión, se queda petrificado aguantando y aguantando hasta que estalla, pudiendo llegar a brincar por toda la casa como en un documental.
- Cuando viene alguien a casa, él manda. Puede acercarse y oler, y al mismo tiempo exigir que nadie lo toque mientras lo hace.
- Tiene sus sitios en la casa y si alguien los ocupa, los reclama. Suele estar cerca de mí, pero no encima.

Aspecto físico

- **Mirada**

El gato formal adorable te observa con suficiencia, directamente a la cara desde el principio y fija la mirada. Frunce el ceño, como si te juzgara. Hay una cierta tensión y, si no le interesa, deja de mirarte. Su observación suele ser un tanto intensa, como si viera a través de ti.

- **Actitud**

Es un gato muy gato. Aparentemente independiente y arisco, responde a la idea que se tenía antes en mente de lo que era un felino. Luego se viene abajo con nada y es de lo más tierno. Necesita saber que tiene sus necesidades cubiertas a diario y, sin ser rutinario, una cierta estabilidad. Es un gato que no acepta bien el estímulo constante que supone la incertidumbre, las visitas, los viajes constantes... Sorpresas, las justas.

- **Movimiento**

Al verlo, da la impresión de ser un tanto rígido y digno. Se mueve de manera eficiente, en silencio y lo hace siempre con un objetivo concreto. No cotillea o ronda porque sí, va porque quiere algo, lo que hace que no sea especialmente movido.

Relaciones

- **Con humanos**

Este tipo de gato necesita bastante tiempo de adaptación cuando llega nuevo a tu hogar. Una vez que comprende las reglas de la casa, deja que entres en su territorio, mientras no lo molestes... Tener su aprobación puede llevarte unos días, una dedicación, quiere que te lo curres. Habitualmente, establece relaciones más fuertes con humanos que con otros gatos, aunque con las visitas esporádicas no suele sentir la necesidad de relacionarse, es más de construir vínculos a largo plazo.

- **Con gatos**

Lleva mejor estar en un hogar con pocos gatos, donde puede llegar a intimar con alguno de ellos, pero siendo siempre selectivo en sus relaciones. Tampoco es que necesite ser el único; de hecho, le viene bien tener a otros animales que rompan su rutina, pero estos no deben ser muy activos o enérgicos. No suele ser el iniciador de las broncas, ni es agresivo con otros. Cuando siente la necesidad de atacar a otro gato (porque desaprueba su actitud), puede ponerse a hacer ejercicio, morder mucho algo o buscar otra vía de escape para evitarlo.

- **Dependencia**

Puede parecer que es muy independiente, como si se valiera perfectamente solo, pero la realidad es que se derrite con la persona con la que crea un vínculo muy fuerte. De cualquier manera, puede llevarte un tiempo descubrir lo que siente.

- **Niños y niñas**

En general, el exceso de energía le resulta irritante, con independencia de la edad del peque. Tiene un cierto aguante, pero muestra su carácter cuando ya ha aguantado lo suficiente. Si es de personalidad tranquila, puede llegar a tener un vínculo íntimo, profundo y protector.

- **Visitas (extraños)**

Prefiere que no haya gente nueva todo el tiempo en casa. Si siempre vienen los mismos, es capaz de crear algún vínculo con ellos y aceptarlos. Si llegas y no está su humano, es muy territorial, te considera hostil; en consecuencia, puede que te ignore o que te deje claro que no estás en tu lugar. Si está su humano, le da más igual.

- **Cómo acercarte a él (preámbulo)**

Para relacionarse, pone sus normas y sus tiempos, y los marca de forma obvia. Es protocolario. Tú deberás adaptarte a él, y no al contrario. Aprecia mucho que se respete su burbuja, su cuerpo… También es importante que le dejes olerte antes.

- **Cómo pide y recibe amor (tolerancia a la caricia)**

Este gato es muy suyo, pero tiene momentos en los que pide amor. Se acerca, te roza con la cola y el lomo, hace ruiditos tiernos. Hay que aprovechar esa bajada de guardia con delicadeza y respeto. No te vengas arriba y pienses que ya puedes hacer lo que quieras. Es mejor acariciar, parar y ver cómo reacciona. Le gusta tener el control de la situación.

Manipulación

- **Tolerancia a ser cogido, retenido**

Si lo coges estando desprevenido, se queda bloqueado por la sorpresa. Mantenerlo así retenido es inconcebible, se revuelve. Es un gato que decide cómo y durante cuánto tiempo quiere estar en brazos. No soporta a la gente invasiva, necesita ser respetado.

- **Cepillado y corte de uñas**

«¡Quita, humano!». Todo lo que conlleve sujetarlo lo lleva fatal. Intenta cepillarle en los momentos en que está más tranquilo y amoroso, muy despacito. En cuanto a las uñas, te recomendamos que aproveches cuando vayas al veterinario o ve cortándoselas de una en una de vez en cuando.

- **Medicación e inspecciones**

Si está pachucho, se convierte en un tontorrón amoroso que se deja hacer de todo. Pero a medida que vaya mejorando, ese chollo se terminará y ya no será tan fácil. No te dejes engañar por un enfermo. Si necesitas examinar su cuerpo, hazlo cuando se acerque a ti buscando cariño, muy sutilmente y sin que se dé cuenta.

Relación con la comida

Este felino intentará no tener que pedirte la comida. Si es necesario, emite un *purrr* cariñoso o se pone al lado del comedero mirando al infinito a ver si así te enteras. No es glotón ni pesado con la comida y no necesita variar con mucha frecuencia, no es sibarita. Come lo que hay si le gusta y si no, no. Suele necesitar alimentarse muchas veces al día en pequeñas cantidades. No juega con la comida, es así de educado. Si decides darle una chuchería para conseguir algo, que sepas que quizá no te pida más. La aceptará, pero eso no implicará su aprobación inmediata. No le va mucho el chantaje.

HIGIENE PERSONAL Y EN EL ARENERO

• **Intimidad**
Sería aconsejable tenerle un arenero abierto, porque es más higiénico, pero en una zona privada de la casa (en el salón no le va a gustar). Si no está a gusto, es capaz de aguantarse, lo que puede derivar en problemas de salud como cistitis o en que coma peor.

• **Pulcritud suya y tuya**
Necesita mucha limpieza, por lo que te recomendamos una arena aglomerante y limpiarla varias veces al día. Puede hacerse pis o caca fuera en caso extremo, aunque antes intentará avisarte llevándote hacia la arena y escarbando sin hacer nada o haciendo algún ruidito que expresará un «así no».

- **Manías**

Es bastante maniático, así que le gusta que todo esté correcto. Puede mostrarse reacio, por ejemplo, a que le cambies la marca de arena si la que tenía le gustaba. Si es así, va a mostrar resistencia.

- **Acicalamiento**

No es obsesivo ni dejado, está en la media. Si le tocas, es posible que luego se limpie para volver a tener todo en orden en su pelaje. También suele lavarse después de ir al arenero.

Juegos

- **Tipo de juego**

Para jugar con él, utiliza juguetes, nunca tus manos. Es raro que muerda o enganche, así que si lo hace, es porque está muy estresado. Lo normal es que marque un poco sin agredir. Suele ser bastante cuadriculado. Juega poco con otros gatos y no le gustan los juegos ni excesivamente agresivos ni demasiado tranquilos.

- **Cómo y cuánto le gusta jugar**

Te llevará un tiempo descubrir a qué le gusta jugar. Una vez que lo descubras, es mejor que le propongas los juegos que ya sabes que le motivan, no necesitas innovar en exceso. Si el plumero funciona, juguemos con el plumero. Por supuesto, las sorpresas, de vez en cuando, pueden ser bienvenidas.

Le encanta jugar cada día, pero si un día no te da tiempo, es poco probable que te lo demande o que tire algo para llamar tu atención. Tampoco suele ser muy intenso, aunque de vez en cuando puede tener un pico de emoción. Se involucra en el juego y entiende bien cuándo se inicia y cuándo se termina.

Con este tipo de gato, podemos usar activadores como, por ejemplo, mostrarle en qué cajón están los juegos y que si os acercáis significa que se inicia el juego y que si guardáis el juguete significa que toca relajarse. También podemos emplear activadores para los momentos de mimo o para la comida. Los aprende bien y le dan tranquilidad.

Comunicación

- **Voz y ronroneo**

Tiende a ser un gato silencioso, más propenso a hacer ruiditos discretos tanto por placer como para expresarse («Cambia la arena»). Refunfuña, pero no suele gritar aunque sí gruñir para desaprobar lo que pasa en su entorno. Ronronea cuando tiene confianza con un humano y comparten esos momentos de placer y abstracción. También puede irse a una habitación para amasar y ronronear solo o que esté encima de ti ronroneando y que le moleste que lo toques porque le cortas el rollo.

• **Lenguaje corporal**
Como ya hemos dicho, habitualmente, su mirada es directa y si está molesto se nota porque pasa a mirar al vacío. Cuando no quiere que lo toques, va dando avisos. El primero sería mover el rabo con fuerza. Si insistes, puede hacerte una advertencia, como marcar con los dientes (hace el gesto en el aire a modo de aviso) o ponerte la pata sobre la mano con las uñas fuera. Su cuerpo puede transmitir cierta tensión en general, especialmente cuando algo se sale de lo habitual, de sus estructuras. Suele usar las señales de calma con asiduidad y las comprende bien, así que puedes usarlas con él.

• **Marcajes (pis, arañazos, frotarse)**
Prefiere frotarse contra personas y cosas más que arañar o hacer pis para marcar. Cuando llega algo nuevo a casa, después de mirarlo detenidamente, se rozará mucho para sentirlo su territorio. Si llegan visitas y son aceptadas por él, también lo demostrará frotándose contra ellas. Eso no quiere decir que ya puedan tomarse confianzas, solo es un «Me gustas, vamos a conocernos mejor».

Psicología felina

• **Aprendizaje**
Puede ser un poco cabezota, pero si eres constante, aprende con facilidad, sobre todo los límites; incluso puede ocurrir que impida que otro gato haga algo que él considera que está mal. Si le dices que no a una conducta, frena y te mira como esperando una explicación.

• **Picos de emoción y estrés**
Los picos de emoción no son habituales en este gato. Cuando se dan, pueden deberse a una reacción negativa ante un estímulo constante que él no quiere. No esperes que te haga una fiesta cuando llegas a casa o que dé grititos de emoción al ver su lata favorita. Sus emociones son sutiles, así que hay que saber observarlo y recurrir casi a la telepatía y las miradas.

Mostrará su desacuerdo si superas sus límites tolerables. Como acabamos de ver, si no quiere jugar o ser acariciado, va a dejarlo claro y se defenderá si considera que otro gato ha invadido su espacio o intenta molestarlo mientras está tranquilo. Aunque ya hemos dicho que no suele ser el que inicia la gresca, se planta y hace saber al otro que no es bienvenido. Aguantará estoico, como si estuviera pensando qué hacer, y quizá decida contestar enérgicamente tras reprimirse un poco.

- **Miedos**

Cuando tiene miedo, no suele esconderse, pero se muestra tenso. Eso no quiere decir que se haya paralizado, simplemente está incrementando la tensión hasta que la saca. Entonces puede confrontar lo que está pasando, como si creyera que la mejor defensa puede ser un buen ataque. También puede llegar a perseguir a otro gato o humano en el caso de que continúen con el comportamiento que le despierta el miedo. Es un gato al que le gusta tener el control sobre lo que ocurre y, cuando no es así, puede reaccionar.

- **Gestión del territorio**

Se adaptará al espacio que tenga. Si no le dejas entrar en una habitación, normalmente no lo intentará ni se colará en el armario o en otras zonas prohibidas. Elige su territorio y es de lugares fijos: el de dormir, el de vigilar, el de comer, el de jugar... Esos sitios pueden ser cómodos (una camita mullida) o una balda de madera la mar de ingrata (no intentes cuestionarle...). Y si alguien ocupa su lugar, querrá echarlo.

Verás que le encanta estar en medio, bien visible, aparentando que es el dueño y señor. Le gusta estar acompañado de otros gatos o de personas, pero que cada uno esté en su espacio. Quizá estéis en el salón tú en el sofá y él en la mesa, cerca.

- **Cómo gestiona los cambios**

Es el típico gato que cuando suena el telefonillo, levanta la cabeza y espera a ver qué pasa. Si se producen cambios no muy drásticos, le llevará unos días adaptarse, pero no los rechazará. Eso sí, necesitará su tiempo y esperará que lo que haya pasado no empeore su calidad de vida. Si no le gusta el cambio, manifestará sus quejas reiteradamente. Por ejemplo, si mueves el comedero a otro sitio, los primeros días quizá le cueste ir o arrastre comida adonde lo tenía antes. Es su manera, bastante directa, de mostrar que eso no le ha gustado.

Así que, ya sabes, si pasa algo en casa, debes ser paciente y, a poder ser, tener un plan para ayudarle a transitar lo que sea (mudanza, visita, viaje…) de la mejor manera (con valeriana, chuches u otras cositas que le gusten).

SALUD

- **Señales de que tu gato necesita atención y ayuda**

Este es un tipo gato que oculta su dolor de forma muy eficiente, hace vida normal sin mostrar debilidad. Por eso tardas bastante en darte cuenta de que le pasa algo y deberías estar muy pendiente de pequeños cambios, como que se aísle y juegue menos de lo habitual, que coma menos o que duerma más. Habrá que ir sumando síntomas que *a priori* no lo parecen.

Los gatos con esta personalidad a los que nosotras hemos conocido han tenido mayor tendencia a la hiperestesia, la agresividad redirigida o a padecer problemas de hígado, vesícula biliar y páncreas.

• **Veterinario**

A ningún gato le suele gustar salir de casa, y a este tampoco. Enseguida sabe que lo vas a querer meter en el transportín y desaparece. Cuando lo llevas al veterinario, muestra su disgusto, se queda rígido, como si le estuvieras faltando al respeto. Luego suele dejarse hacer de todo. Es importante que sienta que no se le manipula con fuerza o bruscamente, necesita sus tiempos.

TIPO DE PERSONALIDAD 2: AMOROSA DEPENDIENTE

Es un gato social (con humanos, con felinos o con ambos), no le gusta pasar demasiado tiempo solo. Necesita contacto. A lo que da más importancia es a su relación con los demás. Puede ser un «segundón», se deja llevar por los demás. No impone sus deseos ni sus necesidades. A veces en grupo puede resultar un tanto invisible.

Afirmaciones tipo 2

Al leer estas afirmaciones ¿identificas a tu gato? ¿En cuántas del ellas? Márcalas. Si son muchas ¡quizás sea su tipo de personalidad.

- No le gusta estar solo, necesita el contacto físico, ya sea el mío o el de otros compañeros felinos. Siempre está alrededor haciendo todo un ritual de acercamiento.
- Le encanta cuando lo llamo, lo acaricio y le digo cositas.
- Es un anfitrión nato para las visitas, los niños, los perros, el cartero... Saluda a todos muy contento.
- Si me apetece, puedo cogerlo y llevarlo en brazos un ratito; lo ve como una muestra de nuestro amor.
- Cuando tiene hambre me lo hace saber con ruiditos, poniéndose delante de su comedero con miradas intensas o haciendo monerías varias para conseguir lo que quiere.
- Su forma de jugar es tranquila porque lo importante no es el juego en sí, sino compartir un momento juntos. Y si este termina en mimos, mejor que mejor.

- Es un poco dramático a la hora de gestionar un límite, pero luego lo entiende y lo acata para evitar el conflicto.
- Sé que a mi gato no le gusta estar solo, estoy feliz de haber adoptado otro animal.
- Si está pachucho, no lo demuestra para no preocuparme, así que me he llevado algún susto.
- A veces pide cosas que luego no quiere y me he dado cuenta de que, en realidad, lo que busca es mi atención.

Aspecto físico

- **Mirada**

Suele buscar los ojos del humano para conectar, aunque a veces se queda mirando al infinito. Da la sensación de estar muy relajado, incluso algo triste, cuando te mira. Puede querer que lo mires y, cuando lo haces, resultarle incómodo mantener la mirada.

- **Actitud**

Es un gato relajado. Suele permanecer a la espera de que alguien le haga caso para participar en un juego o para comer. Tiene una actitud cordial, aunque también ciertas manías que no quiere cambiar, como estar encima de ti mostrando su amor pero sin que lo toques ni lo eches. O disponer de un espacio solo para él. O reaccionar mal si llegas del trabajo con estrés porque no le gusta que traigas esa energía a casa.

- **Movimiento**

Necesita que algo o alguien externo le incite a moverse. No es muy arriesgado ni temerario. Es un gato indeciso, va y vuelve, parece que se va a quedar sentado y se vuelve a levantar, como si al entrar en contacto contigo, fuera incapaz de focalizarse. Suele seguir tus pasos y los del resto de la familia.

Relaciones

• Con humanos

Puede tener muy buena relación con todos los miembros de la casa y vincularse especialmente con un humano, con otro animal o con ambos. Busca mucho dar y recibir amor. Te hace sentir especial. Necesita que te acerques, que des el primer paso en la interacción. Si lo haces, aprenderá luego a buscarte él a ti. En caso contrario, puedes llegar a pensar que tienes un gato que no sabe que existes. Le gusta mucho que le hables con cariño, le digas tonterías o uses ruiditos con él. Se pone la mar de tontorrón.

• Con gatos

Es un anfitrión nato, se vuelca en sus relaciones. Tiende a comprender la energía de los demás animales de la casa e intenta adaptarse y si uno nuevo llega, le da la bienvenida. Puede dormir con otros gatos, le gusta el contacto físico. En el juego quiere participar, pero puede dejar que otro animal juegue con el humano antes que él. Si presencia una agresión hacia otro gato, sale en su defensa. Tiene más fuerza para defender a otros que para defenderse a sí mismo.

• Dependencia

Es muy dependiente, sobre todo de ciertos miembros elegidos de la familia. Le gusta tener una relación especial con alguien y hace lo posible para mantenerla. Es un gato que prefiere tener siempre compañía, casi se siente confuso si está solo, como si algo no encajara.

• Niños y niñas

Se lleva muy bien con los peques. Es muy tolerante a la manipulación de un minihumano. Puede que no vaya a buscarle, pero deja que se acerque y se queda. Si hace algo que le molesta, es probable que simplemente se retire.

• Visitas (extraños)

Se comporta como el anfitrión de la casa. Muy educado con los que llegan, se vende bien, se acerca, cotillea, espera que jueguen con él y pide amor sin mayor problema. Si alguien entra en casa sin que estén sus humanos, se le acerca tan contento.

• Cómo acercarte a él (preámbulo)

Le encanta recibir amor, pero si eres muy directo, recula porque no hay confianza todavía o porque no se lo espera. Es mejor no invadirlo, aunque suele estar encantado de que se le acerquen y le presten atención. Y si lo llamas para que venga, todavía mejor.

- **Cómo pide y recibe amor (tolerancia a la caricia)**
Suele dar amor para recibirlo. Su tolerancia a la caricia es total. Es ese gato con el que se te cae la baba porque se deja tocar, te da cabezazos de amor, ronronea, te hace homenajes demostrando su alegría por estar contigo... Pero si te extralimitas, puede verse sobrepasado y marcharse... aunque esté deseando volver. Hay que dejarle su espacio para que la energía no sea demasiado intensa.

MANIPULACIÓN

- **Tolerancia a ser cogido, retenido**
Si quieres cogerlo, puede llegar a permitírtelo, pero tiende a querer bajarse. Prefiere tomar la iniciativa, subirse a tu regazo y hacer su danza del amor a su aire. Sentirse aprisionado no le hace mucha gracia, se pone nervioso.

- **Cepillado y corte de uñas**
Le gusta que lo toquen, así que que lo cepillen es algo que le suele agradar. En cuanto a las uñas, no pone

problemas mientras lo hagas muy rápido o con mucho cariño. Todo lo que no sea brusco lo tolera bien; ya hemos dejado claro que es un gato al que le gusta el contacto.

- **Medicación e inspecciones**

Suele aceptar la medicación sin muchos problemas. Si se la das con la comida o lo mimas, puede confundirse lo suficiente como para aceptarla. Para examinarlo, aprovecha cuando está en tu regazo o a tu lado, intercalando mimos con inspección de orejas, boca... Camúflalo todo con amor, sobre todo si eres su persona vínculo.

RELACIÓN CON LA COMIDA

Puede ponerse tontorrón pidiendo amor cuando quiere comida. También puede plantarse delante del armario de las chuches y hacer alguna monería para que entiendas lo que quiere. Si hay compañeros peludos, come cuando lo hacen los demás. Para este gato, comer es alimento y vínculo, una asociación que te aconsejamos que no promuevas. A veces solo quiere amor, así que no le des comida siempre que se acerque a ti, asegúrate de que realmente es lo que necesita. Le gusta comer, pero no roba platos ajenos ni juega con la comida. Le encantan la comida húmeda y las chuches, quizá por la atención especial que le das al ponérsela.

Higiene personal y en el arenero

• Intimidad
Va al baño porque hay que ir, pero intenta hacerlo sin llamar la atención, no le gusta compartir ese momento. Así que no le mires, respeta su espacio y cuida de que otro gato no lo moleste.

• Pulcritud suya y tuya
No es un gato maniático en ningún sentido, ni con el tipo de arena, ni con la limpieza, ni con la suciedad. Eso sí, suele asearse después de usar el arenero de manera un tanto inmediata.

• Manías
Como acabamos de decir, no suele tener. Como mucho, hace sus cosas y sale rápidamente del arenero, como si no quisiera pensar en lo que ha hecho. Otras veces, en cambio, hace una minifiesta.

• Acicalamiento
Es el típico gato que cuando está relajado dedica mu-

cho mucho tiempo a lavarse. Puede desaparecer y, al volver, estar todo húmedo. También intentará lavarte a ti o a otros gatos. Es una forma de conectar, de hacer grupo, de cuidarnos.

JUEGOS

• Tipo de juego

Para este gato, el juego se convierte en un momento de compartir, por lo tanto, elegirá aquellas actividades que impliquen interacción. No empieza los juegos, pero agradece que alguien se le acerque para iniciarlos. A veces empieza a jugar solo, pero siempre delante de otro, para ver si se anima. Le gusta tanto socializar con gatos y humanos que ajusta su nivel de intensidad al del otro. Si ve que alguien no es muy activo, intercalará juegos y mimos. Lo importante para él es jugar acompañado.

• Cómo y cuánto le gusta jugar

Sus juegos no suelen ser agresivos ni muy movidos. A veces se cansa pronto y quiere que la sesión de juegos se convierta en una sesión de mimos. Al no ser especialmente intenso, puede ser interesante combinar ritmos: jugar un rato, parar, darnos amor, jugar otro rato…

Habitualmente no es un gato atlético, ni especialmente hiperactivo o superjuguetón. Puede tener tendencia a engordar y a ser algo torpe y gracioso. Para este peludo, que haya otra persona o animal que tenga ganas de actividad es un activador, y si coincide con ellos en ese pico, se anima enseguida y entra al juego con ganas. Cuando se cansa, es bastante asertivo indicando que se retira, pero si el otro sigue con ganas de fiesta, le dejará claro que quiere que le deje en paz para relajarse.

COMUNICACIÓN

• **Voz y ronroneo**
Tiende a ser un gato silencioso, hasta que necesita algo (que suele ser amor)...; entonces puede ser muy cansino pidiéndolo.

Es muy educado y suele dar los buenos días y salir a recibirte a la puerta con ruiditos. Tiene una voz dulce, melosa y aguda. En momentos de tensión, le salen sonidos guturales que revelan que está estresado. Es muy ronroneador y le gusta amasar mientras lo hace, es una forma de comunicar su amor. Probablemente, si eres su humano de referencia, arrancarás el motor de su ronroneo al acariciarlo.

- **Lenguaje corporal**

Se comunica mucho con su cuerpo. Le gusta expresarse con sus posturas, frotarse con tus piernas, subírsete encima, caminar hacia ti… Es zalamero y te provoca para captar tu atención por las monadas que hace. Parpadea lentamente  mientras te mira, para que no puedas resistirte. Su lenguaje corporal transmite buen rollo y hace grandes celebraciones cuando algo le gusta (como cuando abres una lata en la cocina).

- **Marcajes (pis, arañazos, frotarse, lamer)**

Más que arañar, suele frotarse, contra las personas, contra los objetos y contra todo lo que encuentre. Si llega a hacerse pis es porque está estresado y no lo manifiesta de otra manera; es un tipo de somatización, por tanto, si lo hace, sería bueno hacerle una revisión veterinaria.

Otra forma que tiene de generar vínculos es lamerte para crear un olor común que mezcla el de ambos.

Psicología felina

• Aprendizaje
Es capaz de aprender siempre que eso suponga una compensación emocional, como reforzar su vínculo contigo o que te quedes en calma. Le puede impactar que le intentes poner un límite; te hará caso, pero es muy probable que luego siga haciendo lo que quiere pero intentando que no le pilles.

• Picos de emoción y estrés
Sus picos no suelen ser ni largos ni intensos, sus locuras no duran más que un momentito. A veces, por la emoción, te pide algo y cuando se lo das, no lo quiere y te pide otra cosa, y otra… Lo que quiere básicamente es tu atención.

Como no se queja de nada, puede acumular estrés sin que nadie lo detecte. Se ve cuando come demasiado, marca, se vuelve sedentario… En un pico de estrés, saca una energía que no sabes de dónde viene: se mueve más rápido, confronta, se muestra mucho más enérgico en sus reacciones, con más presencia. También puede estar mucho más cariñoso, pero de una manera cansina e intensa. Quien no lo entiende puede confundirlo con amor, pero es estrés. Si hay una conducta repetitiva de falta de atención, se aísla para no seguir lidiando con el rechazo.

- **Miedos**

Es un gato que teme la soledad y el abandono, lo pasa fatal y se pone algo dramático. Puede sentirse así si no vuelves a la hora acostumbrada, si te vas de vacaciones y la persona que va a cuidarlo le es desconocida o si se produce una discusión en casa. En este último caso, puede intervenir para intentar pararla. Cuando se despierta su miedo, lo habitual es que se quede paralizado o huya, aunque puede llegar a confrontar si no puede más con una situación (sobre todo si esta se repite).

- **Gestión del territorio**

Para nada es un gato territorial que defienda y marque sus espacios, le encanta compartir. Puede ser muy pegajoso, llegar a dormir encima de su humano e, incluso, encima de otro gato. No le gusta que cierres las puertas de casa o que no le dejes entrar en la habitación en la que estás; él quiere estar contigo y puede pedírtelo maullando lastimeramente.

Es fácil verle, tanto despierto como dormido, en medio del barullo. Tiene sus lugares preferidos, aunque si se los cambias, no pasa nada porque no es maniático. Como todos, busca sus momentos de soledad, pero suele usar más las zonas sociales, los espacios de la casa donde hay más actividad.

- **Cómo gestiona los cambios**

Este tipo de gato se adapta bien a los cambios de mobiliario y territorio. Incluso si llegan visitas o nuevos miembros a la familia, será el primero en darles la bienvenida. En cambio, las separaciones o los lutos, ya sea de humanos o de sus compañeros animales, le costarán bastante. En estos casos, el apoyo de su humano de referencia será muy importante para ayudarle a sobrellevar la pérdida.

Si pasa algo en casa y no sabe qué es, intentará fisgar para enterarse, es un poco cotilla. Si lo que ha ocurrido es una bronca, su tendencia será meterse en medio y defender al que considera más débil para restablecer la paz. Quiere que todo sea amor y que todo el mundo se lleve bien.

SALUD

- **Señales de que tu gato necesita atención y ayuda**

Es un gato que suele cuidar a otros y que no demanda nada para sí mismo, de modo que cuando lo hace (con cabezazos, lametones, reclamando mimos…), es porque algo le pasa. Es decir, no es que esté más cariñoso de lo habitual, es que está malito. No se queja ni muestra dolor.

Los gatos de este tipo de personalidad que hemos

conocido tenían tendencia al sobrepeso (con obsesión por la comida), a tener alguna estereotipia, al infantilismo y al sedentarismo.

• **Veterinario**

«Si hay tanto amor entre nosotros, ¿por qué estropeas la relación llevándome al veterinario?». Esto es lo que se pregunta este gato cuando lo llevas, no lo dudes. Para él, la visita al veterinario es como una agresión y no comprende por qué lo haces. Por eso es importante que si eres su humano de referencia estés ahí en todo momento para sostenerle, para ayudar en la manipulación, para hablarle despacito mientras dura la revisión y, en definitiva, para generar un clima de seguridad donde se pueda relajar.

TIPO DE PERSONALIDAD 3: MIMOSA EXQUISITA

Cuando llegas a casa, el gato con este tipo de personalidad te mirará desde la distancia, pero te ha visto, sabe que has llegado, le gusta controlar sus dominios. Para él es importante la sensación de control y tener aquello que necesita como quiere. Es muy limpio con su cuerpo y muy dependiente de su humano, aunque esto último lo manifiesta a su manera.

Afirmaciones tipo 3

Al leer estas afirmaciones ¿identificas a tu gato? ¿En cuántas del ellas? Márcalas. Si son muchas ¡quizás sea su tipo de personalidad.

- Verle andar es como presenciar un desfile de moda; es grácil, casi flota.
- Cuando te mira, lo hace con un cierto aire de superioridad, de control de la situación, parece estar pensando cómo conseguir sus objetivos.
- Si alguien viene a casa, suele tomar distancia para observar y si intentan acercarse a él, se irá mostrando su falta de interés con mucha calma o bufará con dignidad.
- Le gusta ser adorado sin tener que competir con otros gatos, humanos o peques. Quiere atención completa (muchas veces, no siempre).
- Se derrite con las caricias, aunque no suele dejarse tocar sus cuartos traseros.
- Interpreta que lo cojas en brazos como una falta de respeto y una invasión, no le gusta nada.
- Suele ser muy limpio y el cepillado es para él un momento de mimos que le encanta, se siente cuidado y amado.
- No pide comida, la exige. Normalmente quiere

algo específico: que le eches más comida, que le pongas otra cosa o que lo acaricies mientras come.

- Lleva tiempo saber a qué le gusta jugar y averiguar su ritmo. Y después de tanto esfuerzo, es posible que se entretenga jugando solo con cualquier cartoncillo.
- Puede parecer un gato callado, pero si eres su humano de referencia, hará todo tipo de ruiditos para comunicarse contigo.

Aspecto físico

• **Mirada**
Te mira a los ojos sin pudor alguno buscando una respuesta y el contacto contigo. Es manipulador y resulta muy divertido ver cómo te hace señales de calma pestañeando despacito mientras se hace el interesante. Puede mirarte desde la distancia, sin moverse, con la clara intención de que seas tú quien se acerque.

• **Actitud**
Es un gato que se considera parte de la nobleza, tiene dignidad y lo sabe. Resulta atractivo y dan ganas de tocarlo, pero quizá tu acercamiento no sea bien recibido. Requiere un gran espacio personal y, por eso, puede levantarse e irse según interprete tus intenciones. Pondrá límites si cree que te estás sobrepasando, todo con mucho estilo. Sabe lo que quiere y entiende muy bien los mecanismos humanos para conseguirlo.

• **Movimiento**
Va flotando, como en una nube, como si no perteneciera a la Tierra. Es grácil, silencioso, con estilo. Le gusta moverse por las alturas más que quedarse en el suelo y puede hacer acrobacias sin ningún esfuerzo, como si fuera su naturaleza.

Relaciones

- **Con humanos**

Este tipo de gato diferencia mucho entre aquellos con los que tiene confianza y aquellos con los que no. A los visitantes que no conoce no se va a acercar, los va a observar de lejos; y si alguien se le aproxima, marcará límites o cambiará de sitio mostrando que no desea que lo toquen. Si te conoce, dependiendo de cómo le caigas, generará una interacción u otra (acercarse a curiosear o maullar para que te acerques).

Tendrá una relación característica y única con cada persona, forme parte de la familia o no. Puede elegir a un humano favorito y, si le conviene más, cambiar a otro pasado un tiempo.

- **Con gatos**

Es más sociable con las personas que con otros gatos, pues se siente superior a sus congéneres y no lleva bien el compartir. También puede tenerles miedo y mantener por eso las distancias. Pueden surgir problemas porque al principio planta cara y luego se retrae, y puede somatizar.

Es jerárquico, necesita sentirse por encima. Compañeros ideales serían gatos sumisos, no reactivos. El contacto físico con otros felinos es puntual (tumbarse juntos, lavarse…). Igual que mira al humano a los ojos, también lo hace con otros gatos, lo que supone una provocación directa que genera malos entendidos. Después se pone dramático y se queja del resultado. Necesita tener su burbuja.

• Dependencia

Es un gato muy dependiente del humano. Puede tener la comida puesta y no comerla si no estás tú cerca para acariciarlo (aunque si no haces caso a sus encantos, al final comerá). Le gusta saber que estás en casa, cerca, pero no necesariamente tocándole, y te echará la bronca cuando te vas de vacaciones.

• Niños y niñas

En general, prefiere a los humanos adultos. A los peques ni los rechaza ni los busca, pero los evita si son enérgicos. Si se le acercan con respeto, despacito y con cuidado, se quedará a probar la experiencia de esas manos regorditas acariciándole.

• Visitas (extraños)

Dependiendo de cómo sea la persona, tendrá una relación u otra, pero con cualquiera intentará dominar el territorio con su mirada intensa. Quizá no interactúe con quien vaya a cuidarlo durante tus vacaciones, lo mirará desde la distancia y, si se acerca, se alejará.

• **Cómo acercarte a él (preámbulo)**
Si está tranquilo, es muy probable que acepte tus caricias como una ofrenda, pero sin excesos. Es bueno acercarse sin hacer el típico comentario con voz chillona del tipo de «¡Ay, qué gato más guapooooo!», o «Ven aquí, bonito, ¡ven aquí!». Sé más sutil, utiliza la mirada y transmítele calma y respeto.

• **Cómo pide y recibe amor (tolerancia a la caricia)**
Acepta muy bien las caricias, le encantan. Eso sí, hay que aprender su mapa personal, porque habrá zonas intocables y zonas en las que te permita pasar horas sobándole. Si respetas sus normas, se dejará acariciar durante un buen rato incluso si acabas de conocerlo.

Manipulación

• **Tolerancia a ser cogido, retenido**
Su tolerancia en este sentido es nula. No le gusta nada que le fuerces a hacer cosas, lo entiende como un ataque a su dignidad y una falta de respeto. Será él quien se ponga encima de ti o, algo más habitual, cerca de tu cuerpo cuando lo desee.

- **Cepillado y corte de uñas**

Que dediques atención a su pelo suele gustarle. Lo considera un momento para compartir. Le gusta que lo hagas despacito, con cariño, que sea algo íntimo. Para cortarle las uñas, aprovecha cuando duerme y hazlo poco a poco (un día un par, al día siguiente otro par...). No fantasees con hacerlo de una sola vez.

- **Medicación e inspecciones**

Tomar medicinas puede ser un drama para él y quizá tus vecinos crean que lo estás asesinando. Las inspecciones tampoco son bien recibidas, así que intenta engañarle con mimos. Utiliza las acaricias para mirarle las orejitas, abrirle un poco la boca... Puede que así cuele, y también puede que no.

RELACIÓN CON LA COMIDA

Es un gato educado y limpio comiendo, no es el típico que juega con la comida o la saca de su cuenco para comer del suelo. Tampoco es glotón, sino de comer a poquitos. Sobre todo, aprecia que la lata esté recién abierta. Al principio puede sorprenderte cómo exige a gritos su ración. Puede tener comida en el cuenco y gritarte igual porque está ya seca, porque cree que es poca, porque no le gusta, porque quiere que lo acaricies mientras come… Tiene en su mente un ritual para la hora de comer que puede incluir caricias, que no haya ruido, que sea a cierta hora, que no sea al lado de otro gato y lo que se le vaya ocurriendo añadir con los años…

Higiene personal y en el arenero

• Intimidad

Necesita un arenero limpio, intimidad y un ambiente relajado, sin humanos o animales cerca. Es capaz de aguantarse hasta que cambies la arena o encuentre el momento. Se tiene que sentir seguro para hacer sus cosas.

• Pulcritud suya y tuya

Es limpio aunque ocasionalmente puede mancharse y no enterarse. Exige una arena que le guste y que esté limpia; si no, puede aguantar hasta que se la cambies o mear hasta en la ducha. Incluso puede salir corriendo dejando todo sin tapar, como horrorizado por la experiencia.

• Manías

Si no le gusta la arena, la ubicación, si tiene que compartir…, te lo va a hacer saber meando en otro sitio, que puede ser a un lado, en mitad del salón o en el plato de ducha, para que entiendas que «así, no».

- **Acicalamiento**

En el hipotético caso de que se le queden adheridos restos de excrementos porque esté algo suelto, no se mostrará muy abierto a limpiarse. Optará por restregar el culo por el suelo o por una alfombra. Si intentas limpiarlo tú, se opondrá activamente.

Juegos

- **Tipo de juego**

En lo que respecta al juego, es un gato bastante particular. Tienes que encontrar el más adecuado, así como la manera de jugarlo y el momento oportuno. Normalmente es de costumbres, casi siempre quiere jugar a lo mismo, y suele ser a algo tranquilo y simple. Si ve a otro gato cerca, puede parar el juego y si aquel intenta participar sin ser invitado, quizá decida retirarse. Jugar con otro felino no le gusta mucho; para él supone un esfuerzo tremendo que tal vez no valga la pena.

- **Cómo y cuánto le gusta jugar**

Es un gato delicado también en este aspecto. Le cuesta

arrancarse a jugar contigo y le gusta hacerlo en el sitio, sin moverse. Prueba, por ejemplo, a acercarle un lacito. A veces juega solo con pelotas que no pesan mucho o ratoncitos que puede tirar por el aire, pero tienen que ser juguetes que no le den miedo y que pueda controlar. Si juega contigo, le gusta mucho ganar, así que déjale coger el lacito o lo que estés usando a menudo; de lo contrario, enseguida se frustrará y abandonará. A otros gatos es bueno dejarles ganar solo uno de cada cuatro intentos, pero con este puedes subir esa media al setenta por ciento de las veces.

No es un gato que juegue como un loco, tirando cosas o corriendo poseído por la casa. Es más controlado y tranquilo. Se cansa pronto, no es muy intenso. Su elegancia no se lo permite, ¡eso es para el pueblo!

COMUNICACIÓN

- **Voz y ronroneo**

Es un gato charlatán, muy *mimimimimí*. Hace notar su presencia para que tú vayas. No es de los que te piden comida con un «miau», es más de gritarte mirándote a los ojos, porque es su derecho y tu obligación. Es dramático en general y cuando grita, lo hace intensamente. Con los demás gatos es el típico que «mucho ruido y pocas nueces»: puede chillarles, pero al final es el que recibe. Su ronroneo puede ser constante, sutil y largo, especialmente cuando está en un momento de amor. No ronronea cuando ve comida, sino para responder a las caricias, al contacto contigo, en esos instantes de intimidad y conexión.

• **Lenguaje corporal**
Tiene un lenguaje muy claro. Te mira a los ojos y comienza a emitir mensajes con su cuerpo. Te guía hasta la cocina, hace que lo sigas hasta la cama para acariciarle, se sienta sobre tu teclado para que le prestes atención... Si no te enteras, maullará para que lo mires y, entonces, hará sus peticiones. Las miradas son una parte muy importante de su lenguaje corporal.

• **Marcajes (pis, arañazos, frotarse, lamer)**
Verás que es un gato que se lava mucho, lo hace para distribuir las feromonas por su cuerpo a modo de protección. Ningún felino marca por gusto, lo hacen por necesidad. Este tipo de gato puede hacer pis fuera del arenero por diferentes causas: por estrés, por no querer ir al arenero por miedo a otro gato, por llamar tu atención, porque la arena no está lo suficientemente limpia... Son señales que te envía y que es importante atender y saber leer para actuar en consecuencia.

Psicología felina

• Aprendizaje

Más que aprender él, prefiere manipularte y que seas tú el que aprendas lo que necesita. Es un gato al que debes amoldarte y puede ser cabezota y estratega. No lleva muy bien los límites. Tiene su propia opinión y se resistirá a hacerte caso, incluso puede llegar a considerarlo como una ofensa.

• Picos de emoción y estrés

Son pocos y fomentan su imagen de adorable pompón. Es muy mono en medio de sus locuras. Los picos suelen aparecer cuando está jugando solo con alguna bolita de papel o cualquier otra cosita sencilla. No es extremadamente emocional y es raro que pierda los papeles. Es más propenso a tener «minipicos adorables», quizá cuando llegas a casa o cuando le prestas algo de atención extra.

Con estrés, puede parecer que sobreactúa, y es que es muy emotivo. Cuando tenga un pico de estrés, más que ir contra el estímulo, intentará huir. Si la situación se sostiene, suele somatizarlo en su cuerpo: deja de lavarse o lo hace en exceso, se mancha y no se limpia… También se vuelve hipervigilante e intenta situarse en lugares altos desde los que puede dominar el territorio y rebajar su interacción social. En él es fácil confundir estrés y miedo, pueden ir perfectamente juntos.

- **Miedos**

Por más que dé la impresión de tener mucha seguridad, es todo fachada. Una de las cosas que más miedo le da es convivir con un gato dominante. Podemos interpretar esto como que tiene mal carácter, que es poco abierto, cuando la realidad es que tiene miedo y por eso no se acerca y está a la defensiva. Si es algo puntual, intentará la confrontación. Si es algo recurrente, su tendencia será huir. Es importante que sepas detectar lo que está pasando porque puede ser que sobrerreaccione ante situaciones en las que antes no lo hacía, como si tuviera el miedo en el cuerpo. Ahí, tendrás que pedir ayuda profesional y hacer algún cambio.

- **Gestión del territorio**

No tiene un territorio, tiene un feudo. Con este gato se cumple el dicho de que la casa es suya y tú pagas la hipoteca. Lleva fatal que alguien invada su espacio personal, sea un humano o un animal, y te lo indica con la pata o con la boca, habitualmente sin apretar; es más una advertencia de que mejor no vayas por ahí. Para él es importante que sus sitios sean respetados.

Más que mucho espacio, lo que necesita son lugares de calidad (sitios seguros desde los que vigilar, donde dormir, donde comer…). Le gustan los puntos que le permiten controlar lo que hay alrededor. Será más explorador si no hay otros gatos y, si los hay, tendrás que poner atención en el enriquecimiento ambiental.

• Cómo gestiona los cambios
Los cambios que no hayan sido elegidos específicamente por él, de primeras, no los llevará bien. Puede que le hayas comprado un superrascador que llega hasta el techo y que al principio lo vea como una molestia, pero con el tiempo se convertirá en su lugar favorito de juego. Pero tendrás que dejarlo a su aire, sin ningún tipo de presión, porque, si insistes, se mostrará más reticente.

Cuando pasa algo en casa, observará desde la distancia sin mostrar mucho interés aparente. Pero, en realidad, estará analizando lo que ocurre tomándose su tiempo. Si la atmósfera es de calma, es probable que, pasado un rato, se acerque a ver qué pasa.

SALUD

• Señales de que tu gato necesita atención y ayuda
Si le notas el pelo más apelmazado o con mal aspecto,

si ves que tu gato está apagado, de mal humor, que duerme mucho o que no está presente en la vida del hogar, es que algo pasa. Suele rebajar sus funciones vitales y evitar el contacto (puede que incluso chille si lo acaricias). En esos casos, no creas que está relajado, suele estar somatizando algo.

Los gatos con este tipo de personalidad que hemos conocido han tenido mayor tendencia a padecer problemas de los sistemas urinario y digestivo (los de este último se reflejan mucho en la boca).

• Veterinario

En la consulta del veterinario se siente invadido, tratado de manera indigna y no desea ser tocado por esas manos desconocidas. En la mayoría de los casos, se defiende, cayendo en ocasiones en el dramatismo. Puede gritar como si le estuvieran haciendo mucho daño (cuando todavía ni le han tocado) o esperar estoicamente a que termine la tortura mirándote con infinito desprecio. Lo que es seguro es que quiere irse a casa lo antes posible, así que intenta elegir un veterinario muy eficiente.

TIPO DE PERSONALIDAD 4: MELODRAMÁTICA MELOSA

Normalmente resulta un gato atractivo, especial. Es melodramático, lánguido, despierta ternura. Parece que albergara un sufrimiento en su interior que te atrajera. Te domina sin ni siquiera intentarlo, a través del drama y de la comedia. No entiende las normas, es como si fuera de otro universo, así que no las cumple. Crea un vínculo muy fuerte con su humano y tiende a buscar el contacto constante.

AFIRMACIONES TIPO 4

Al leer estas afirmaciones ¿identificas a tu gato? ¿En cuántas del ellas? Márcalas. Si son muchas ¡quizás sea su tipo de personalidad.

- Yo hablo con mis amigos y mi gato no es igual que el resto, es como si el alma de un perro lo hubiera poseído.
- A veces parece un muñeco, como si posara, incluso más allá, como si te quisiera conquistar pareciendo un peluche.
- Se comunica muchísimo con tonos dramáticos que cambian a alegres cuando capta tu atención y le contestas.
- A mis amigos les encanta venir a casa porque suelen terminar con mi felino encima y porque se frota con ellos para dejar su olor.
- Desde luego, no es la panterita que la gente tiene en mente cuando piensa en un gato. Es más bien torpe y gracioso, pero atrevido.
- Mi gato hace cosas que no salen en ningún libro (hasta ahora…).
- Es muy dependiente. Cuando vuelvo de vacaciones, lo celebra como si hubiera regresado de la guerra.

- Soy su deidad. Al menos así lo siento. Celebra cada minuto que compartimos y me persigue por la casa… incluso cuando voy al baño.
- No entiende o no acepta la palabra no. Tiene su forma de ver las cosas y le da bastante igual la tuya.
- Es muy conservador. Odia los cambios, se resiste a ellos, aunque al final puede llegar a aceptarlos y hasta a disfrutarlos si no le queda otra.

Aspecto físico

- **Mirada**

Suele tener una mirada de ojos grandes, profunda, o ser bizco directamente. La suya es una forma de mirar melancólica, seductora, que intenta conectar contigo. Te hace sentir especial con su manera de darte su atención.

- **Actitud**

Es un gato tranquilo que puede tener sus momentos de juego. Es pegajoso, aunque a veces necesita soledad para recuperar toda la energía que gasta en llamar la atención. Busca el contacto físico, tocarte, rozarse, mirarte, formar parte de tu ser... Sociable y zalamero, gusta mucho a las visitas y es percibido como un gato a-do-ra-ble.

- **Movimiento**

Es lento de movimientos. Se levanta, pasea y se queda quieto mirando a la nada. Puede ser un poco torpe, como si le costara calcular las distancias y se quedara colgado o tuviera que hacer aterrizajes forzosos.

RELACIONES

• Con humanos

Suele vincularse con un humano en especial con el que establece una relación muy íntima, invasiva casi, un gato-perro que te ronda y te ronda para que le dejes subirse encima de ti (en la cama, en el sofá, en el retrete...). Parece gritar constantemente: «¡No me dejes!». Le cuesta quedarse solo cuando te vas a trabajar, no estar contigo todo el rato. Si su cuidador primario no está en casa, puede ir a otro a pedir amor. También a las visitas les pedirá mimos. Le gusta cotillear y oler a los desconocidos.

• Con gatos

Es un gato que genera relaciones profundas con contados seres (humanos o no). No se molesta mucho en conocer a otros compañeros animales, pero puede tener interacciones concretas y repetitivas con ellos (juega con uno, a otro no le deja subirse a la cama, con otro puede dormir...). De vez en cuando, puede haber otro felino con el que se implique mucho emocionalmente. Entonces tenderá a la sumisión y solo se volverá reactivo si ve amenazado el cariño humano que necesita.

- **Dependencia**

Emocionalmente dependiente de su humano. Le gusta estar con él todo el rato, que haya contacto físico (estar encima o tocándole de alguna manera). Y si algo le pasa, llevará muy mal su pérdida. Puede deprimirse si te vas de vacaciones porque no sabe si vas a volver.

- **Niños y niñas**

Le despiertan ternura, pero si percibe mucha energía por su parte, puede agobiarse, entonces se dejará hacer o se retirará un rato para descansar. Su tendencia será buscar a los peques para tener su atención, nunca con agresividad.

- **Visitas (extraños)**

Cuando está su humano en casa, puede salir a recibir a quien haya venido. Acepta bien a los extraños y el cariño que puedan ofrecerle. Si vas a cuidarlo mientras su humano está de vacaciones, quizá se esconda al principio, pero luego se dejará tocar (que no coger).

- **Cómo acercarte a él (preámbulo)**

Es un gato al que le gusta el contacto, pero quiere ser él el que se acerque a ti, el que decide. Es mejor llamar su atención diciéndole cosas bonitas y sosteniéndole la mirada; enseguida, reaccionará e irá hacia ti porque, además de gustarle, es muy cotilla.

- **Cómo pide y recibe amor (tolerancia a la caricia)**

La tolerancia al amor es total, pero no le vale todo. Puede ser una lapa, muy pesado y cansino. También es de costumbres, quiere que lo acaricies siempre en los mismos sitios. Le gusta tener mucho contacto, desparramarse sobre tu cuerpo como si quisiera fundirse con él. Si no le das el amor que te pide, se pone dramático y maúlla por las esquinas.

MANIPULACIÓN

- **Tolerancia a ser cogido, retenido**

Sabe que para ti cogerlo es una forma de reforzar el vínculo y expresar amor, así que se deja. Es raro que reaccione mal a tus brazos. Eso sí, prefiere ser él el que se te pone encima como si tu cuerpo fuera parte del suyo.

- **Cepillado y corte de uñas**

El cepillado no es algo que le encante. No te va a rechazar por ello, pero tampoco va a ronronear mientras tanto, pues no le resulta demasiado cómodo. En cuanto a las uñas, puede montar un drama. Se dejará hacer, pero se quejará con cada uña que le cortes.

- **Medicación e inspecciones**

Es el gato que mejor se deja medicar. Es tan cándido

que al final se rinde. En cuanto a las inspecciones, tampoco vas a tener problema, aunque quizá también haya algo de drama (es su tendencia). Con la persona que tiene el vínculo es especialmente receptivo.

Relación con la comida

Con respecto a la comida, no terminas de pillar qué le gusta más. Algo que le encanta un día, al siguiente lo rechaza, su alimento es el amor. No es un gato glotón, come poco, es más de picotear a su ritmo. Suele ser muy limpio, así que no juega con la comida y a veces se lava después de comer. No tiene tendencia a ser compulsivo. Se estresa cuando otros gatos están comiendo, así que quizá espere a más tarde y vuelva al plato cuando no hay nadie cerca. También puede rondarlo sin pedir de forma directa. Si tiene hambre, aparece; si no, tendrás que llamarlo para comer porque estará en su mundo, tiene sus tiempos.

Higiene personal y en el arenero

• **Intimidad**
Si tú estás cerca de su arenero, no tiene problema, pero que haya otros gatos en la zona cuando tiene que usarlo no le gusta. Puede hacer todo un ritual sin pies ni cabeza de agitación de arena, le gusta.

• **Pulcritud suya y tuya**
Es normal que cubra sus cacas y otras que estén allí sin tapar. No deja de hacer sus cosas si la arena no está limpia, pero celebra cuando lo está. Tiene sus preferencias en cuanto al tipo de arena y te las puede hacer saber, pero se adapta.

• **Manías**
Es muy protocolario y se toma su tiempo. Le gusta rascar por todas partes de manera organizada y concentrada para luego hacer sus cosas en el mismo sitio de siempre.

• **Acicalamiento**
Es limpio, se acicala bastante lo que se ve, pero puede olvidarse del culo de vez en cuando. Pasa bastante tiempo atusándose, incluso varias veces al día (más que la media felina).

JUEGOS

- **Tipo de juego**

Le encanta perseguir cosas de manera repetitiva, por ejemplo, un plumero que se mueve a un lado y a otro una y otra vez, así entra en un bucle que le gusta. Prefiere jugar con su humano de referencia. Es un gato que habitualmente no lo pide, pero si ve que tú le haces una propuesta atractiva, se animará al instante. Con otro gato, si ya tiene confianza, también le puede gustar compartir juegos.

- **Cómo y cuánto le gusta jugar**

Como más le gusta es contigo. Puede hacerlo de manera un poco torpe y graciosa, le gustan la atención y el movimiento más que otra cosa. A veces, insiste en jugar a lo mismo durante un buen rato o todo un día y si intentas otra cosa, te mira con decepción. Se entretiene con cosas supersencillas como una goma de pelo, una pelotita de papel o el cinturón de una bata. Admite perfectamente que el juego ha terminado y se queda contento con el tiempo que le has dedicado.

Prefiere el ritmo rápido, los juegos donde haya requiebros e intensidad. Metido en faena, se puede olvidar de sí mismo y acabar jadeando sin controlar cuándo sería bueno parar, así que obsérvalo y regúlalo tú en la medida de lo posible.

COMUNICACIÓN

· **Voz y ronroneo**

Su voz es lánguida, dramática, a veces muy aguda, como si alargara el miau. Es un gato con el que puedes compartir ruiditos y crear vuestro propio idioma. Puede quejarse incluso porque estornudas mientras está en tu regazo y eso le ha molestado. Es muy ronroneador, pide mucho amor. Se pone encima de ti, te llama, te mira fijamente y finalmente ronronea como si todo estuviera bien y no necesitara más.

· **Lenguaje corporal**

Le gusta mucho rozarse con los humanos, darles cabezazos para expresar amor y llamar su atención. Suele hacer monerías y es un poco patoso, lo que le da mucho encanto. Es mono hasta cuando duerme. Es raro que utilice señales de calma y tampoco tiene el lenguaje corporal habitual de otros gatos, es como si no lo hubiera aprendido y se inventara el suyo propio. Cuando este gato expresa algo con su cuerpo, no asumas que sabes lo que es, investiga, porque lo que sirve para otros felinos, en el tuyo puede significar algo totalmente diferente. Es así de original.

- **Marcajes (pis, arañazos, frotarse)**

Se frota de manera insistente contra las personas. Necesita dejar su olor en todo para tomar posesión de ello, más que por territorialidad, por sentirse a gusto, como si todo fuera una extensión de sí mismo. Le encanta que haya cosas y gente nueva para marcarlas con su olor y hacer miniarañazos por todas partes, como una marca de la casa. Es raro que marquen con pis, así que, si lo hace, llévalo al veterinario.

Psicología felina

- **Aprendizaje**

A la hora de enseñarle algo, prepara tu paciencia. Es cabezón y no comprende las normas. No presta atención para aprender algo, es un tanto disperso. Si le dices que no a algo, puede coger una rabieta, maullar mucho e irse solo a una habitación mientras se queja.

- **Picos de emoción y estrés**

Puede darle un pico cuando le prestas atención y se pone supercontento. Una manera de demostrar su emoción es frotándose con todo y dejando sus feromonas de la felicidad. Otras veces, los picos surgen sin origen externo y decide que te necesita, así que se acercará a ti, te hará carantoñas y todo tipo de monadas porque, sí o sí, será vuestro momento de amor: da igual que tú estés saliendo de la ducha, cocinando o quieras dormir, no aceptará un no por respuesta.

En él el estrés tiene dos manifestaciones básicas y opuestas: estar muy cansino o estar ausente. Si el estrés es muy alto, lo manifestará con conductas autolesivas y obsesivas (comer plásticos o pelusas, acicalarse de manera compulsiva...). Hay personas que considerarán que son simples manías, no lo son. Son síntomas de un problema.

• **Miedos**

Su mayor temor es no ser querido, por eso su comportamiento suele adaptarse a lo que tú quieras. Quedarse solo también puede despertar su miedo. Si siente que le falta atención o tiene miedo, puede desarrollar conductas autolesivas, como cuando está estresado. Su reacción al miedo suele ser la huida, se siente sobrepasado por el estímulo y busca un lugar en el que estar seguro. A veces, ese lugar seguro eres tú (como cuando le llevas al veterinario y salta a tus brazos). Si cuando está asustado le muestras calma y cercanía y le das cariño, le ayudarás a volver a su centro.

• **Gestión del territorio**

Más que una casa con terreno donde correr, este gato

dará importancia a los espacios en los que se reúne la familia, donde estáis todos juntos compartiendo. Allí es donde le encontrarás. Puede adaptarse con facilidad al territorio que haya a su disposición. Sus sitios predilectos no tienen por qué ser muy altos o cerrados, pero encontrará el rincón más cómodo, el más recogido, donde cae el rayito de sol, donde sopla una brisa agradable... Elegirá el sitio de la casa ideal para cada una de sus necesidades; obsérvalo y podrás comprobarlo. Pero de todos los lugares de tu hogar hay uno que siempre será su favorito: tu regazo (y si llega otro gato, lo defenderá sin dudarlo).

• Cómo gestiona los cambios

Si te vas de vacaciones y eres su humano de referencia, va a ser dramático. Puede tener de todo, agua, comida, juego, alguien que lo visite o, incluso, otro humano viviendo en casa, pero nada es igual. Quizá se retire y no quiera ver a nadie durante tres días y luego empiece a interactuar con quien le cuida porque necesita amor. Al principio, puede llevar mal cualquier cambio, pero si ve que los demás miembros del hogar están bien, tenderá a hacerse a él más rápido. Las novedades que sí le gustan son las visitas o juguetitos pequeños, le encantan. Es cotilla, pero a su ritmo. Le gustan mucho los olores externos (puedes darle a oler lo que cocinas o las zapatillas al volver del campo). Cuando pasa algo imprevisto en casa, se estresa, no lo entiende y no sabe bien cómo reaccionar. Es indeciso y puede quedarse paralizado sin moverse del lugar.

Salud

- **Señales de que tu gato necesita atención y ayuda**
Es un gato que puede tener taras físicas. Puede ser bizco, tuerto, tener el rabo torcido o «un halo de algo raro e incalificable». Esto contribuye a su imagen de dar pena, aunque tenga una vida muy digna. Como ya hemos dicho, si lo ves comer plástico, pelusas, herirse al lavarse o tener algún tipo de conducta autolesiva similar, busca ayuda especializada (veterinario, terapeuta o ambos).

Los gatos con este tipo de personalidad que hemos conocido eran tendentes a padecer enfermedades crónicas o afecciones de los sistemas urinario y digestivo (como alguna alergia alimentaria o similar).

- **Veterinario**

Puede quejarse en el transportín, pero luego se deja manejar bastante bien, aunque quizá se haga pis o emita un miau lastimero. No suele entrar en pánico, solo en alerta. Si está su humano cerca para consolarlo y se le trata con mimo, se dejará hacer. Si hay que hacerle varias pruebas, asegúrate de estar presente entre una y otra para que vea que no lo has abandonado, que cuenta con tu apoyo y que estás ahí para él.

TIPO DE PERSONALIDAD 5: INDEPENDIENTE TIERNA

Este gato a lo que da más importancia es a su seguridad y al control. Tiene el territorio estudiado milimétricamente. Su mirada es un tanto ausente y te da la impresión de que es un poco raro, aunque no sabes por qué. Su expresión está entre la dignidad de un ministro y la cara de susto, y no la cambia muy a menudo. Puede quedarse muy quieto en algunos momentos, como si estuviera petrificado.

AFIRMACIONES TIPO 5

Al leer estas afirmaciones ¿identificas a tu gato? ¿En cuántas del ellas? Márcalas. Si son muchas ¡quizás sea su tipo de personalidad.

- Se asusta con cualquier cosa, desde un cambio de mueble a un barreño con agua o el sonido del telefonillo. Todo es un ataque en potencia.
- Con sus miradas intensas a la nada, podría protagonizar una película de miedo o de suspense.
- Le encanta que le hables bajito, le murmures y le digas cositas. A veces me siento como «la persona que susurraba a su gatito».
- Le gusta mimetizarse con los muebles. Se esconde y cuesta verlo. Su tendencia es no llamar la atención, como si así estuviera más a salvo.
- Intentar sorprenderlo suele ser un poco frustrante. Si le llevo algún juguete o chuche nuevos, siempre preferirá lo que ya conoce. Podría decir que es incluso austero.
- Su corazón es difícil de conquistar, pero si lo consigues, es para siempre. Tenemos una relación muy especial, con mucha complicidad y cariños.
- Mi familia cree que no existe porque cada vez

que vienen a casa, desaparece y no hay manera de encontrarlo.

- Rezo por que no se ponga enfermo para no tener que llevarlo al veterinario. Lleva fatal que lo cojan o salir de casa.
- Sé que va al arenero porque recojo sus caquitas, pero jamás lo he visto ir al baño, no sé cómo lo hace.
- Parece un trapito hasta que entra una mosca en casa. Ahí ves a la pantera que tiene escondida dentro. Es muy ágil y un supercazador.

Aspecto físico

• **Mirada**
Puede estar mirándote a la cara y atravesarte para mirar al infinito. Suele tener los ojos muy abiertos, como platos, como un búho asustado. Es el gato que te inquieta y que hace que te preguntes qué está mirando.

• **Actitud**
¿Dónde está el gato? En su lugar seguro. Comparte mucha intimidad con su humano, pero prefiere pasar desapercibido para los demás. Se mimetiza con el entorno. Es rutinario, cuadriculado, repite sus pautas cada día y necesita que tú también lo hagas para encontrar un poco de paz interior. En su mente, parece haber un *planning* del día que desea cumplir, con sus rituales matutinos, sus baños de sol, su siesta en el sitio de siempre...

• **Movimiento**
El justo y necesario, y de manera sigilosa. No hace mucho ruido al moverse y suele hacerlo por sus sitios fijos del territorio. Va del punto A al B y del B al C. Cuando se trata de cazar, es como un minitigre mezclado con un ninja que se esconde y pasa desapercibido.

RELACIONES

• Con humanos

Necesita tiempo, e incluso mucho tiempo, pero una vez que te lo ganas, quiere estar cerca de ti habitualmente. Parte siempre del miedo y la desconfianza, así que hay que ir construyendo la relación poco a poco, con respeto, seguridad y cariño. El vínculo con este gato suele ser muy especial. Puede que solo vosotros lo entendáis, que pase de tus amigos y de tu familia mientras que contigo es un bombón. Le gusta tener relaciones de tú a tú. En la intimidad puede hacer ruiditos e interactuar contigo con vuestro código propio.

• Con gatos

Le cuesta mucho relacionarse con otros gatos, enseguida se siente abrumado o tiene miedo. Prefiere compañeros animales que sean más sociales que él, pero a la vez tranquilos, conciliadores y predecibles. Si es así, puede generarse una confianza y dependencia entre ellos. En cambio, si el otro es hiperactivo o muy intenso, puede llevarlo mal y aislarse o liarla. Quiere que los demás respeten sus sitios, su comida, sus cosas; si no, se puede bloquear o atacar (a veces).

- **Dependencia**

Como ya hemos dicho, es de construir las relaciones poquito a poquito, pero estas son sólidas y profundas. Cuando llega nuevo a casa, te da la impresión de que va a ser muy independiente y de que te va a hacer poco caso, pero, con el tiempo, te ve como su escudo de protección y genera un vínculo de cariño y mimo que te sorprende.

- **Niños y niñas**

Se estresa con todo aquello que no puede controlar. Si el peque es hiperactivo, tiene muchas rabietas o grita, el gato puede llegar a marcar su territorio o desaparecer porque le da miedo. En cambio, si es tranquilo, lo más probable es que se cree una relación muy bonita y que él lo proteja.

- **Visitas (extraños)**

¿Dónde está el gato? Esta suele ser la pregunta habitual de las visitas. Este gato se retira de la vista incluso antes de que suene el timbre y no tiene la más mínima curiosidad por tus invitados. Si alguien va a cuidarlo cuando no estás y lo ve, ¡que se encargue de cuidarlo siempre!

- **Cómo acercarte a él (preámbulo)**

No intentes tocarlo de primeras, mejor sitúate cerca y llámalo para que venga, a poder ser, con movimientos lentos, no de frente y cuidando el tono y el volumen de la voz para que sea suave y bajita. Es asustadizo.

- **Cómo pide y recibe amor (tolerancia a la caricia)**

Es amoroso con las personas con las que tiene vínculo. Puede subirse encima de ti de forma puntual, seguirte, pegarse a tu cuerpo, pedir amor con sus miradas, con las que casi parece llamarte para que le des mimitos. Le encantan las caricias, las disfruta, incluso si son intensas, pero también puede salir corriendo en un momento dado.

MANIPULACIÓN

- **Tolerancia a ser cogido, retenido**

Es misión imposible. No le gusta, no quiere, no va a recibir bien que lo hagas. Le inquieta porque pierde su sensación de seguridad y control. Si se ha puesto encima de ti y de pronto siente la retención, saldrá huyendo, así que cógelo solo si es necesario.

- **Cepillado y corte de uñas**

Encuentra un cepillo que le resulte placentero y se dejará cepillar sin inconveniente. Córtale las uñas cuando está medio dormido, quizá una o dos cada día. No aproveches momentos de amor o placer, puede que le irrite y que luego haga una asociación que no deseamos.

- **Medicación e inspecciones**

Lleva fatal la medicación, así que camuflarla en la comida sería lo ideal. Puedes machacarla con una cuchara, mezclarla y darle su tiempo para que se la coma a solas. Para inspeccionarle, aprovecha los momentos placenteros contigo. Pero cuidado, mirar su boca puede ser un límite que no le guste que sobrepases.

Relación con la comida

Es un gato que no suele comer mucho, no es glotón. Algunos no piden comida y para otros hacerlo es más un ritual en vuestra relación que algo de lo que disfrutar él solo. Puede que maúlle o haga ruiditos y tú deberás interpretar que lo que te pide es comida. A veces se alimenta en su intimidad, cuando nadie mira; incluso puedes convivir años con él y no verlo comer, y preguntarte cuándo lo hace. Es conformista, no suele pedir cosas especiales o cambiar mucho de idea, pero a veces le gusta que le des algo distinto o que le dejes probar un poco de tu comida (algo que no sea tóxico para él, claro).

Higiene personal y en el arenero

- **Intimidad**

Es el gato ninja: sabes que hace sus cosas porque limpias el arenero cada día, pero es raro verlo allí. Acaba rápido y sale corriendo sin que nadie se entere. Para evitar observadores, puede llegar a hacerlo fuera de la arena y pasarlo mal.

- **Pulcritud suya y tuya**

Como cualquier gato, prefiere que la arena esté limpia, pero si no, no es un gato que se aguante. Cuando termina, lo tapa todo bien, como siguiendo ese instinto tan felino de no ser localizado por posibles depredadores que huelan algo.

- **Manías**

Sitúa el arenero en el lugar de menos tránsito posible, en una esquina discreta y accesible a la que él sienta que es seguro ir. Es bueno que no se lo cambies de sitio una vez que lo hayas ubicado.

- **Acicalamiento**

Es muy limpio y considera necesario lavarse siempre después de pasar por el arenero. Invierte mucho tiempo en su aseo personal, da la sensación de que le da seguridad.

Juegos

- **Tipo de juego**

Juega mucho solo cuando nadie le ve. Quizá estés en una habitación y escuches grititos y saltos en la de al lado, pero si vas, se quedará quieto, como si lo hubieras pillado haciendo algo indebido. Le cuesta mucho aprender a jugar con otros gatos; quiere hacerlo, pero no sabe cómo. A veces, al principio se asusta por la manera de jugar de los demás. Es un aprendizaje para él.

- **Cómo y cuánto le gusta jugar**

Le gusta cazar y se le da bastante bien, así que algo que puede funcionar con él es tirarle cosas (pelotitas, gomitas, minipiñas…) para que las persiga tomándose su tiempo. Es un poco tímido, por eso los juegos a distancia le gustan más. También es un jugador tranquilo, aunque puede ser entusiasta y tener un pico de emoción con grititos incluidos, muy divertido. Al ser tan cazador, es fácil que relacione el juego y la comida, por lo que los juguetes inteligentes de alimento le suelen gustar (por ejemplo, algún recipiente con comida dentro que sale cuando el gato lo mueve de una manera concreta). Apreciará que vayas probando cosas nuevas. Si en medio de la noche escuchas una pelotita, será él, tiene tendencias de jugador nocturno.

No es muy intenso en el juego, ni muy demandante, aunque le gusta y lo ve como una forma de relacionarse contigo. Se retirará cuando haya tenido suficiente, se autogestiona muy bien.

COMUNICACIÓN

- **Voz y ronroneo**

Tiene una voz tímida. Al principio puedes pensar que no maúlla, pero cuando tenga confianza, se lanzará y elaborará un montón de ruiditos para su humano. Ver lo que otro gato logra con sus maullidos puede animarle a comunicarse. Cuesta mucho que empiece a ronronear contigo, aunque quizá lo haga cuando esté solo o muy bajito. Si generas un entorno estructurado, seguro y con confianza, irá abriéndose a manifestar su cariño con ronroneos en momentos íntimos.

- **Lenguaje corporal**

Con este gato te va a tocar ser un poco Agatha Christie. Tendrás que observar pequeñas sutilezas en su expresión corporal que te den información muy valiosa. Digamos que es un gato de pocas palabras y que tendrás que aprender a interpretar su lenguaje con la experiencia de vuestra convivencia. Notarás una cierta rigidez en su cuerpecito que se manifestará más claramente si está en una situación que percibe como agresiva. Le puede costar aprender convencionalismos sociales con humanos y otros gatos, pero utiliza mucho las señales de calma y las feromonas.

- **Marcajes (pis, arañazos, frotarse, lamer)**
Tiene tendencia a ser territorial y le gusta marcar lo que es suyo frotándose y rascando para sentirse seguro. Parece un poco feral en ese sentido. Puede que tú ni te des cuenta, pero eso le reafirma. Si hace pis fuera del lugar, primero asegúrate de que su salud está bien y después evalúa si se siente seguro en su entorno.

PSICOLOGÍA FELINA

- **Aprendizaje**
Es un gato que necesita muuucha calma por tu parte si quieres enseñarle algo o marcarle un límite para que no lo interprete como una agresión y se sienta inseguro. Puede que tú creas que ha aprendido algo y lo que ha pasado es que le ha cogido miedo. Como todos los

gatos, debe aprender con refuerzo positivo, nada de gritos ni de pulverizadores de agua (en general, esto no funciona con ningún gato). Lo bueno es que le gusta evitar los conflictos y que está abierto a aprender lo que tú quieras enseñarle.

- **Picos de emoción y estrés**

Cuando está jugando solo, puede llegar a emocionarse bastante. Es un gato bastante tranquilo, pero en esos casos se vuelve más dinámico. Y si ya tiene confianza contigo, le generará un piquito el recibir amor y mimos. Cuesta tiempo llegar a ese punto, pero cuando lo alcanzas, se entrega a ti. Incluso puede que aproveche para pedirte amor cuando tú estás sin energía, como si ese estado te hiciera más adorable y vulnerable.

Es un gato miedoso de fábrica y si se estresa, puede volverse invisible. Es decir, que solo saldrá de sus escondites cuando no haya nadie cerca (por ejemplo, mientras duermes). En esos casos, es bueno no forzarle a salir, dejarle sus tiempos mientras tú localizas su fuente de estrés (que puede ser un gato nuevo, una mudanza o algo tan sencillo como que tú tengas estrés). Si lo invades e insistes cuando aún no se siente seguro, puede tener una reacción negativa como defensa.

- **Miedos**

Todos los del mundo y alguno más. Ante el miedo, habitualmente huirá y te costará encontrar dónde se ha metido. En caso de que no haya un humano de referencia, puede intentar escapar a la desesperada, a veces golpeándose o pasando por encima de todo sin pensar mucho. Por eso es tan importante darle seguridad. Es un gato ideal para familias que sepan gestionar bien sus emociones y, si no es el caso, siempre es una buena oportunidad para aprender. Los gatos tienen la manía de mostrarnos qué podemos hacer mejor, cómo querernos más, cómo cuidarnos y otras lindezas que a veces se nos olvidan.

- **Gestión del territorio**

Lo importante es que lo sienta como suyo, le da igual el tamaño. De hecho, casi puede preferir que no sea muy amplio, porque así le será más sencillo poseerlo y controlarlo. En ese caso, es bueno que dediques especial atención al enriquecimiento ambiental, sobre todo proporcionándole sitios seguros (que necesita y que es importante respetar). Hay que tener cuidado con las ventanas y las salidas al exterior, pues puede salir por cualquier sitio en su huida ante un estímulo que le da miedo o porque no considere todavía la casa un entorno seguro. Es vital para él conocer el territorio hasta el más mínimo rincón, explorar todo bien. Hace sus recorridos y deja sus olores en todos los rincones que elige, los cuales visita con frecuencia y no cambia si están disponibles.

Es un gato que tiene sus zonas, sus horarios, sus cosas…

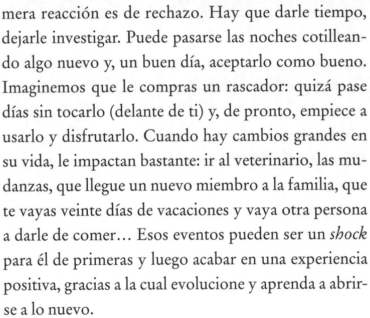

- **Cómo gestiona los cambios**

Con miedo. La primera reacción es de rechazo. Hay que darle tiempo, dejarle investigar. Puede pasarse las noches cotilleando algo nuevo y, un buen día, aceptarlo como bueno. Imaginemos que le compras un rascador: quizá pase días sin tocarlo (delante de ti) y, de pronto, empiece a usarlo y disfrutarlo. Cuando hay cambios grandes en su vida, le impactan bastante: ir al veterinario, las mudanzas, que llegue un nuevo miembro a la familia, que te vayas veinte días de vacaciones y vaya otra persona a darle de comer… Esos eventos pueden ser un *shock* para él de primeras y luego acabar en una experiencia positiva, gracias a la cual evolucione y aprenda a abrirse a lo nuevo.

Salud

· Señales de que tu gato necesita atención y ayuda
Es un gato que oculta mucho sus problemas. De repente, un día te das cuenta, por ejemplo, de que tiene mal la boca y no se ha quejado jamás. La alarma de que algo pasa te saltará cuando tengáis ya un buen vínculo; él será puro amor y notarás que se empieza a retraer. Si está más a lo suyo y menos contigo suele ser porque no se encuentra bien.

Los gatos con este tipo de personalidad que hemos conocido han tenido mayor tendencia a contraer infecciones urinarias o a padecer problemas inmunológicos o del aparato digestivo, por eso recomendamos el uso de pre y probióticos especialmente con ellos.

· Veterinario
Pánico total. Puede comportarse como un gato feral en el veterinario, reaccionar como si su vida estuviera en peligro. Se estresa mucho cuando lo sacas de casa, no entiende que le estés privando de su territorio. Sin embargo, jamás recurras a un veterinario a domicilio con él, pues hará que considere que su casa no es un lugar seguro. Si es posible, es mejor que le hagan la revisión en la consulta dentro del propio transportín para evitar traumas y disgustos.

TIPO DE PERSONALIDAD 6: INSEGURA FAMILIAR

Para este tipo de gato lo más importante es sentirse seguro, tranquilo, que está en su lugar. Sorpresas las justas, de primeras lleva mal los cambios, aunque luego se hace a ellos. Es ritualista, de costumbres y tiene un carácter muy fácil y llevadero. Se conforma rápido y exige poco, cuando se trata de comida. Es glotón, amoroso con su familia y juguetón.

Afirmaciones tipo 6

Al leer estas afirmaciones ¿identificas a tu gato? ¿en cuántas del ellas? Márcalas. Si son muchas ¡quizás sea su tipo de personalidad.

- Cuando miro a mi gato, me parece escuchar los engranajes de su cerebro analizándolo todo, con los ojos muy abiertos y una mirada curiosa y atenta a todo lo que le rodea.
- Es muy familiar, el pegamento de todos. Con cada miembro se relaciona de manera distinta y concreta, es muy cariñoso.
- Todos los gatos son ritualistas, pero este más. Disfruta de tener unas rutinas diarias, por ejemplo, desayunar sobre mí cada mañana u otras excentricidades.
- Cuando vienen visitas, su primera reacción es esconderse, pero no se queda ahí: espía desde la distancia, recabando información.
- Es un glotón, le encanta comer, lo disfruta. Emite gruñiditos de angustia cuando le preparo la comida y me lleva hasta el cuenco para que le ponga lo que le apetece.
- Sabe lo que quiere y puede llegar a ser absolutamente cansino para conseguirlo, persiguiéndome

por la casa. Por agotamiento, no puedo por menos que rendirme a sus deseos.

- Es hipersensible a los ruidos y a los movimientos rápidos e inesperados. Puede pasar de estar en mis brazos o dormido a organizar una estampida porque el cartero ha llamado a la puerta.
- He avisado a todos mis amigos de que no intenten cogerlo en brazos; en su huida desesperada puede dejarles un recuerdo imborrable en forma de cicatriz. No es agresividad, es pánico.
- A pesar de que no parece ágil, en el momento en que aparece un juguete o entra una mosca, se convierte en una pantera dispuesta a lo que sea para atrapar a su presa.
- Finge docilidad y aprender las normas que le pongo, pero sé que cuando no estoy en casa o estoy durmiendo, hace lo que le da la gana.

Aspecto físico

- **Mirada**

Amplia, con los ojos muy abiertos, siempre pendiente de todo, de recoger el máximo de información. Cuando hay confianza, puede mirarte fijamente a los ojos sin problema y transmitirte lo que siente. Tiene cara de estar pensando, de estar adivinando tus pensamientos. Podrías llegar a pensar que es un gato telépata.

- **Actitud**

Es abierto y temeroso a la vez. Siempre está escaneando el entorno, le gusta hacer comprobaciones de seguridad y, digámoslo claro, cotillear. Con su familia puede ser extremadamente cariñoso y entregado, es el elemento que mantiene unidos a todos los miembros del clan. A los extraños los mira desde la lejanía para ver si son o no de fiar o si puede conseguir alguna chuche de ellos (algo que puede ser una buena idea para intentar ganárselo).

- **Movimiento**

Puede ser rápido y ágil, incluso teniendo un cuerpo regordete. Parece torpe en el día a día, pero ante un estímulo (sea un juguete o un bichillo), se convierte en una pequeña pantera, rápida y eficiente. Comida y amor son sus motivaciones principales para moverse.

Relaciones

• Con humanos

Cuando entra en la familia, hay un primer periodo largo de miedos durante el cual puede que no lo veas porque está escondido. Debes tener paciencia, se irá soltando y será un gato de lo más cariñoso. Es habitual que ame a su manera a cada miembro de la unidad familiar. Es como si leyera la energía de cada uno y en el momento en que ese uno se relaja, se acercara. Eso sí, siempre habrá un poso de desconfianza. Quizá te esté ronroneando y, si suena el telefonillo, salga corriendo como si alguien lo fuera a asesinar.

• Con gatos

Es un gato social, el nexo de la familia. Se lleva bien con todos y con cada uno tiene una relación diferente. Con uno puede jugar, con otro compartir el lugar de dormir… Busca puntos en común. En principio, los demás gatos le producen curiosidad, no le generan rechazo. Necesita su tiempo de gestión para aceptarlos y en ese proceso puede perfectamente marcar límites. Si los otros gatos son dominantes, puede asumir el rol de sumiso para evitar conflictos. Su lenguaje corporal hacia los demás compañeros es de calma. Es claro y cordial.

- **Dependencia**

Es un gato bastante dependiente. Aunque no esté pegado o cerca siempre, está todo el rato pendiente de ti. Le gusta saber que estás ahí. Tiene sus momentos de amor absoluto y otros en los que se va a una habitación vacía para estar tranquilo.

- **Niños y niñas**

Los peques le pueden dar miedo por su energía, porque son impredecibles. También su manera brusca de tocar le resulta invasiva y la puede rehuir. Sin embargo, su curiosidad puede hacer que poco a poco decida acercarse e incluso jugar. Eso sí, todo a su ritmo.

- **Visitas (extraños)**

En general, no las lleva bien, a menos que la persona sea habitual de la casa y vaya cogiendo confianza. De cualquier forma, es un gato cotilla que observará desde la distancia. Para que lo lleve mejor, puedes hacer que las visitas le den algo de comer que le guste para así ir generando un condicionamiento positivo. Las chuches como ofrenda funcionan bastante bien.

• Cómo acercarte a él (preámbulo)
Es un gato sensible a los movimientos rápidos. Hay que acercarse a él sin mirarle directamente a los ojos, moviéndote despacio y con una actitud nada agresiva. Diríamos incluso que sin ningún pensamiento que pueda asustarle, ya hemos dicho que parece poder leerlos.

• Cómo pide y recibe amor (tolerancia a la caricia)
Es muy expresivo a la hora de pedir amor: con la mirada, con ruiditos, subiéndose encima de ti con cuidado (despacito, como pidiéndote permiso). Es sensible a tu estado anímico; si estás cansado, enfermo o tienes sueño, se acercará más a ti. Exige tu presencia a la hora de recibir amor (olvídate del móvil o de hacer otra cosa a la vez).

MANIPULACIÓN

• Tolerancia a ser cogido, retenido
No le gusta nada que lo cojas o lo retengas, se siente

atrapado e inseguro. Con los años, irá aguantando cada vez un poquito más. Es como si hubiera un conflicto interno entre el «quiero amor» y el «quiero irme», todo a la vez.

- **Cepillado y corte de uñas**

No le gusta ser cepillado ni que le cortes las uñas. Lo más probable es que se asuste. Intenta generar una asociación entre el cepillado y un premio de comida y, con el tiempo, conseguirás que se deje. Empieza poco a poco, es cuestión de paciencia.

- **Medicación e inspecciones**

Odia la medicación. Puedes terminar con la casa llena de babas y con arañazos en los brazos. Intenta esconderla en algo que le guste muchísimo o pillarlo dormido (de este método no abuses para no generar inseguridad que cause problemas a la larga). Para inspeccionarle, puede colar si alternas un poquito de amor, un poquito de inspección, otro poquito de amor...

RELACIÓN CON LA COMIDA

Le gusta la comida y no le gusta la sensación de no tener nada que comer (puede generarle estrés). Si le gusta mucho lo que tiene otro gato de comer, puede robarle sin agresividad. Confunde amor y comida. Muchas veces se pone supercariñoso, te hace mil carantoñas; tú piensas que es amor, cuando lo que tiene es hambre. Si no le haces caso, te perseguirá tenazmente con ruiditos, miradas y toques y si la comida que le has puesto no le apetece, te mirará intentando hacerte comprender que quiere que se la cambies. Si no lo haces, se sentirá triste porque no le has entendido y se retirará (más tarde quizá se lo coma). Suele ser buen cazador y estar conectado con su parte salvaje. Puede sacar la comida del plato para perseguirla, cazarla y, después, comérsela. También le puede gustar tocar la comida con una pata para, de alguna forma, sentirla.

HIGIENE PERSONAL Y EN EL ARENERO

• Intimidad
Puede hacer sus cosas contigo o con otros gatos delante mientras nadie lo mire o haga ruido. Si coincides con él, haz como que no le ves, mira al infinito y muévete despacio para que siga a lo suyo. Sería bueno colocar el arenero en una zona lo más silenciosa posible.

• Pulcritud suya y tuya
Suele ser muy limpio y tapar concienzudamente lo que ha hecho. Otras veces puede salir corriendo sin apenas ocultarlo porque algún ruido descontrolado le ha asus-

tado. Puede aguantarse si la arena no está limpia y ser el primero que va cuando acabes de limpiarla.

- **Manías**

Es un tanto protocolario y ritualista. Siempre usa la misma zona del arenero, por lo que puedes distinguir dónde ha hecho sus necesidades. Las rutinas le dan seguridad y puede que incluso tenga horarios.

- **Acicalamiento**

Es un gato que se siente mal si no está tan limpio como le gusta. Es capaz de salir corriendo a hacer sus rituales de acicalamiento, como si sintiera una necesidad básica.

Juegos

- **Tipo de juego**

Le encantan los juegos de caza, es decir, que le lances pelotitas o premios de comida, que muevas un plumero (o un palito con una cuerda) o lo que sea que despierte su instinto predatorio. También los juegos de inteligencia en los que tiene que encontrar algo de comida a través del olfato suelen encantarle. Si juega con otro gato, lo hará duran-

te poco tiempo, porque los demás le resultan intensos: puede ser al pillapilla o un poco de lucha. Es más de jugar con su humano de referencia o simplemente solo. En este caso, puede tirarse mucho rato buscando algo que se ha colado debajo de la cama o por cualquier otro sitio. También se lanza a la carrera por la casa dando grititos, aunque no durante mucho tiempo. Disfruta haciendo el loco un rato cuando todos los demás están dormidos y no le pueden molestar.

- **Cómo y cuánto le gusta jugar**

Lo que más le interesa es la dinámica de juego y caza, algo que despierte su curiosidad y llame su atención, no el juguete en sí. Puede estar tranquilo y, de pronto, cambiarle la mirada a «modo juego». Entonces sabes que es su momento de jugar.

Cada uno tiene su ritmo. El habitual suele consistir en un rato corto de movimiento rápido e intenso seguido de una pausa. Esto se puede repetir a lo largo del día. No es un gato muy pasivo ni muy frenético. Es más de tener picos de emoción dentro del juego.

COMUNICACIÓN

- **Voz y ronroneo**

Habla, pero no es charlatán. Maúlla con un objetivo, a

veces con tanta insistencia como un niño de dos años que quiere un helado y lo quiere ya. E, igual que al niño, le costará entender que no quieras hacerle feliz, así que creerá que no te lo está diciendo lo suficientemente claro, por lo que seguirá insistiendo hasta que te rindas. Si le respondes, puede entrar en un diálogo muy tierno contigo. Es más dado a hacer ruiditos que a maullar. Cuando se siente seguro y hay amor, o frente a un plato de comida que le entusiasme, ronronea.

- **Lenguaje corporal**

Sabe cómo decirte que le abras la puerta, que subas la persiana o que cambies la comida. Suele ser muy claro para que pilles la idea. Es sencillo entenderle porque te ha observado y sabe qué le funciona. Sobre todo, comprenderás la expresividad de su mirada, igual que la de un Jedi que intenta que cumplas sus mandatos. Si te hace una caidita de párpados, es una señal de calma, mira a ver qué quiere…

- **Marcajes (pis, arañazos, frotarse)**

Es un gato que araña lo justo y siempre en los mismos sitios, pero al que le encanta frotarse para dejar sus feromonas. Se restregará contra tus piernas, te dará cabezazos de amor y, si le dices dos tonterías, puede que hasta arquee su cuerpecito contra algún mueble para dejar esa feromona de la familiaridad. Todo ello favorece su confort su seguridad y vuestro vínculo. Casi nunca hace pis fuera del sitio para marcar, así que si eso ocurre, ve llamando al veterinario o comprueba que la arena esté limpia.

Psicología felina

• Aprendizaje
Está pendiente de ti y de tus mensajes, y si eso implica aprender algo, lo hará. Prefiere evitar conflictos y estar tranquilo. Si dices a algo que no, suele hacerte caso, pero procura decirlo con cuidado y calma, si no, puede asustarse.

• Picos de emoción y estrés
La comida y el amor son algo emocionante para este gato y habitualmente los asocia. Si le das amor, te pedirá comida casi seguro. Quizá tenga un pico de emoción cuando toda la casa duerme y se siente seguro dando grititos muy graciosos. A veces puede perseguirte de manera insistente porque quiere algo; eso no es un pico de emoción, es que ha decidido que quiere algo y que tú se lo vas a dar, quieras o no.

Si hay estrés alrededor, se suele esconder. El sonido del telefonillo, una persona nueva en casa o un cambio del tipo que sea, hace que este gato espere a ver qué pasa y luego, con sus tiempos, salga a investigar. Es un felino curioso, aunque tiene miedo a acercarse a cotillear (es gracioso observarlo, porque una parte de él quiere mirar y la otra salir corriendo).

- **Miedos**

Todos. Es como si pensara que todo puede atacarle, incluso tú, aunque lleguéis ciento cincuenta años viviendo en paz y armonía. Cualquier cambio, persona, ruido, todo puede ser interpretado por él como una posible amenaza. Y su reacción ante ese miedo suele ser huir. De vez en cuando, puede quedarse paralizado. Lo raro es que confronte.

- **Gestión del territorio**

Necesita, y mucho, tener sus sitios seguros y que estos sean respetados. Si vienen visitas, no lo saques de su escondite (finge que no sabes dónde está). Es más que recomendable que cuente con una vía de escape, que pueda pasar fácilmente de un sitio seguro a otro si lo necesita. En su territorio, suele amar el sol y la tranquilidad, así que una mantita sobre la que cae un rayito de luz por la mañana será muy apreciada. Es interesante que sepas que, aunque puede tener miedo, es muy cotilla y que, con el tiempo, saldrá a explorar para ver qué hay más allá, a su ritmo, sabiendo que puede regresar a uno de sus lugares de seguridad.

• **Cómo gestiona los cambios**

Si reacciona mal a un cambio, es normal, no te preocupes. De primeras, tiene dos opciones: ignorar el cambio que ha tenido lugar, como no mirar al gatito nuevo que ha llegado, o mostrarse nervioso y a la defensiva, como si toda su vida estuviera en peligro. Cuando se dé cuenta de que no es así y de que tú le dejas tomarse su tiempo para adaptarse, irá soltándose. Si pasa algo en casa, una visita, un conflicto en el hogar, una mudanza, se esconderá. Lo bueno es que, como hemos dicho, es cotilla por naturaleza e irá midiendo cómo se estabiliza la energía de la casa y de su cuerpecito. Una vez que la note equilibrada, irá saliendo, interactuando y asumiendo con mucha calma y seguridad la novedad.

SALUD

• **Señales de que tu gato necesita atención y ayuda**

No suele cambiar mucho su personalidad si se encuentra mal. Puede que te pida más mimos y que tú creas que está más cariñoso porque sí. También es posible que lo estés acariciando o manipulando como siempre y dé un gritito o se suelte de tus manos bruscamente. Suele ser señal de que has tocado algo que le duele: no pierdas tiempo y llévalo a que lo revisen.

El punto débil de los gatos con este tipo de personalidad que hemos conocido era el sistema respiratorio. También tienen una mayor probabilidad de tener problemas renales y urinarios y es importante mantener vigilada su salud dental.

• **Veterinario**

Sabe perfectamente para qué sirve el transportín. Da igual que lo dejes a la vista días antes o que no lo vea nunca, sabe qué es y no le gusta. De ahí que convencerlo para entrar pueda ser toda una odisea. Te recomendamos hacerlo con comida y actuar con extrema rapidez (y, con todo, te puede salir mal). Paciencia. Pon un empapador en el transportín porque puede orinar y defecar dentro por miedo. Una vez en la consulta del veterinario, intentará huir, así que cuida las vías de escape. Cuando vea que es inevitable, lo habitual es que se rinda para que todo acabe pronto.

TIPO DE PERSONALIDAD 7: ENÉRGICA DIVERTIDA

Este gato es una fiesta. Tiene un nivel de energía muy alto, se adapta muy bien y es sociable. Eso sí, olvídate de que cumpla tus normas, ¿por qué ponerle límites a la vida? Lleva mal estar solo, así que es un gato perfecto para familias grandes o para casas donde haya más animales. Puede ser un poco contorsionista, entrar en una caja haciendo posturas raras o dejar la cabeza colgando de una balda. Es un gato «líquido».

Afirmaciones tipo 7

Al leer estas afirmaciones ¿identificas a tu gato? ¿En cuántas del ellas? Márcalas. Si son muchas ¡quizás sea su tipo de personalidad.

- Es el gato más divertido que conozco, todo es un juego para él: la comida, el arenero, los momentos de descanso...
- Tiene una gran inteligencia para relacionarse. No es invasivo ni agresivo, puede ser tímido a veces, pero solo al principio.
- Su cuerpo parece líquido, es como si se desparramara. Si lo coges en brazos, para bajarse se desliza y cuando se tumba puede adoptar posturas la mar de extrañas y divertidas.
- Creo que tiene déficit de atención, porque salta de una actividad a otra como si ninguna fuera suficiente para retener su rápida mente.
- Siempre tiene la misma expresión, como si fuera impasible. Hay que conocerlo bien para saber descifrar sus sutilezas.
- Es superágil, pero está claro que su mente va más rápido que su cuerpo, así que puede parecer muy patoso y darse golpes contra los muebles ante los que ni reacciona.

- Definitivamente, es el gato de la familia. Está vinculado con todos, va con aquel que le haga más caso y se entrega a él en ese momento.
- Por extraño que pueda parecer, le encantan los niños, los ruidos, el jaleo. Todo aquello que estimule su curiosidad es un juego.
- Le gustan las chuches, robar comida a sus compañeros animales y a mí. No sigue ninguna norma al respecto. Lo puedes echar de la mesa doscientas veces, que siempre vuelve.
- Tiene su cojín al lado de la ventana, es su sitio favorito. Controla a toda la vecindad, se pasa horas mirando a las palomas, los coches, los peatones… Le fascina.

Aspecto físico

- **Mirada**

No le importa mirarte fijamente a los ojos, como buscando algo, esperando a que tú reacciones y le propongas un juego. A veces te mira y sale corriendo para provocar que lo persigas. Quizá tenga cara de no enterarse de lo que está pasando, pero es increíblemente listo.

- **Actitud**

Es muy abierto y divertido. Le gusta incitarte y experimentar haciendo gamberradas para que seas parte de su juego. Solo tiene dos estados: juego y sueño, como los bebés. Puede parecer más cachorro de lo que es por su actitud. Se sube a lo alto y luego no saber bajar, explora sin pensar en las consecuencias y luego se queda enganchado o encerrado en un armario. Tiene déficit de atención. Está comiendo y de repente se pone a jugar y entonces pasa una mosca y la persigue… Y ya se ha olvidado de comer.

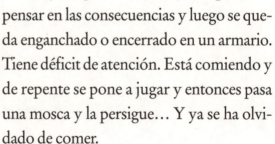

- **Movimiento**

Es un contorsionista cuando de meterse en lugares imposibles se trata. Va corriendo, rebota contra las paredes y su culo va en dirección contraria al resto del cuerpo. Siempre tiene las pilas cargadas, listo para jugar.

Relaciones

• Con humanos

Con cualquiera se lleva bien, pero no crea vínculos tan fuertes y exclusivos como otros gatos, es más el gato de la familia y buscará al miembro que esté más predispuesto a dejarse liar y jugar. Si ese no le hace caso, pasará al siguiente. Y si nadie le hace caso, intentará llamar tu atención para que juegues con él. Aprecia mucho tus atenciones: que lo acicales, lo acaricies y le digas cosas bonitas. Con las visitas puede ser tímido al principio, pero cuando identifica a la persona como alguien con quien poder jugar, está abierto a hacerlo.

• Con gatos

La relación con otros gatos también es estupenda, siempre que el otro le siga el juego, claro. Si no, va a probar igualmente, lo que puede generar un pequeño conflicto. Le cuesta un tiempo, pero al final sabe perfectamente cómo relacionarse con cada uno, adaptándose al carácter de los demás. Lleva muy bien la convivencia con todo tipo de animales y le viene bien que haya distintos tipos de energía. Le gustan el contacto con los otros y el estímulo constante. Es abierto a la hora de integrar nuevos miembros en la familia.

• Dependencia

Es un gato bastante dependiente, pero más que de una persona o animal, del movimiento que haya en el hogar. Es cariñoso y se suele dejar tocar por todos y por todas partes. Eso sí, cuando quiere; si no, se va. Marca sus tiempos de manera claramente comprensible.

• Niños y niñas

Le encantan los peques porque tienen tanta energía como él. Sin embargo, es bueno que los más pequeños entiendan que una cosa son los mimos y otra el juego, y que la energía del gato no pasa de lo uno a lo otro rápidamente. Por eso, no deben intentar mimarlo cuando están jugando, el gato no lo va a entender.

• Visitas (extraños)

Cualquier persona es bienvenida como objeto de juego y atenciones. Quizá de primeras se haga el tímido, pero es puro postureo, está esperando a que le hagan algo para interactuar. Pelotitas de papel, cordoncitos, chuches… lo que sea para llamar su atención. Eso sí, tócalo solo cuando te lo permita; normalmente, no querrá que lo cojas en brazos.

- **Cómo acercarte a él (preámbulo)**

Si no te conoce y eres muy directo, no sabrá cómo reaccionar. Prefiere observar de lejos e ir acercándose. Cuando vea que eres inofensivo, se lanzará a relacionarse contigo. Si eres de confianza, barra libre de mimos.

- **Cómo pide y recibe amor (tolerancia a la caricia)**

No pide mimos, se los toma. Se te sube encima sin pedir permiso o se pone detrás de ti y juega con tu pelo. Se hace el encantador para conseguir tu atención. Es tierno, adorable y su tolerancia al sobeteo es alta. Eso sí, lo que empieza como amor termina habitualmente en juego o en ronroneos amasadores que le llevan al éxtasis.

Manipulación

- **Tolerancia a ser cogido, retenido**

Puede dejarse sin mucho problema, sobre todo si estás dándole cariño, jugando o haciendo algo con él. Además, si en tus brazos hay algo que capta su atención, se tirará en ellos un rato largo, hasta que el estímulo deje de ser atractivo y pase a lo siguiente.

- **Cepillado y corte de uñas**

Tú lo intentas cepillar y él intenta jugar con el cepillo, así que debes aprovechar para cepillar distintas partes de su cuerpo jugando. Para cortarle las uñas, mejor pillarlo dormido y encargarte de solo dos o tres; otro día sigues, con calma. Si está despierto, huirá, aunque si vas con cuidado asumirá que la tijera también puede ser un juguete.

· **Medicación e inspecciones**

Suele rechazar la manipulación «seria», quizá se ponga muy nervioso y haga lo que sea por salir de la situación. Mientras sea en un contexto de mimo o juego, no hay problema, porque ya hemos dicho que le encanta el contacto. El secreto es examinarlo sin que se sienta atrapado en ningún momento o sin que sea muy consciente de lo que está pasando.

RELACIÓN CON LA COMIDA

Es glotón, goloso y… ladrón. Va a probar a comer de todo; si no le gusta, lo escupirá, pero le dará una oportunidad. Puede comer muy rápido, por eso es bueno tener en casa juguetes inteligentes de alimento que le obliguen a «cazar» la comida. Le gusta que le tires premios o pienso por el pasillo para perseguirlos. También puede comer, comer, comer, vomitar y seguir comiendo si tiene ansiedad. Alguno se pone gordito y se vuelve dependiente de la comida por aburrimiento («Como no se satisfacen mis necesidades de juego o atención me doy a la comida»). Tiende a robar comida (a ti y a otros gatos si los hay), a subirse a la mesa mientras comes, a pedir comida simplemente por tener tu atención. Habla mucho y es insistente e impaciente. Se te va a subir encima, a la encimera, te va a maullar, lo que sea menos esperar.

HIGIENE PERSONAL Y EN EL ARENERO

- **Intimidad**

Le da lo mismo dónde esté el arenero, cómo esté, si hay otro gato dentro o si tú estás ahí, lo usará cuando lo necesite. Es más, que lo estés limpiando, que haya otro usándolo o que haya movimiento cerca le motivará a ir justo en ese momento.

- **Pulcritud suya y tuya**

Es un gato que se adapta y cuando tapa sus cosas, muchas veces lo hace más por actividad que por limpieza. Le gusta remover la arena y si se le queda una caca pegada no le va a dar una compulsión por ello, lo mismo ni se entera hasta que tú lo limpies.

- **Manías**

No suele tener. Cosas como lo de ir al arenero justo cuando lo estás limpiando lo hace porque quiere jugar contigo y sabe que esa es una buena oportunidad. Incluso puede jugar con la arena, revolviéndola y sacándola solo para perseguirla.

- **Acicalamiento**

Entiende que limpiarse es necesario y lo hace. Sin más. Puede que le guste que tú lo cepilles y compartir ese momento contigo mientras él se lava a su ritmo ronroneando por tus atenciones.

JUEGOS

- **Tipo de juego**

Le vale todo tipo de juego: con personas, con gatos, solo, con cosas que no son juguetes (por ejemplo, un chorrito de agua). Si considera que necesita más, roba tapones, pendientes, bolígrafos, caramelos… que luego tú encuentras debajo del sofá. Puede tener accidentes, como quedarse enganchado con una bolsa con la que está jugando y salir corriendo para huir de ella. También puede llevarte juguetes a la cama por la noche porque se aburre o quiere que le tires una pelotita y te la trae en la boca como un perrito. Siempre preferirá jugar acompañado. Con otros gatos, puede no medir la energía. En cuanto a ti, asimila que tu cuerpo también es un juguete, así que ten cuidado y no utilices manos ni pies (esto es aplicable a todos los gatos, pero a este especialmente).

- **Cómo y cuánto le gusta jugar**

Le gustan los juegos de acción, de movimiento. Puede ser un poco bruto: golpearse por lo rápido que va y seguir corriendo, subirse a algún sitio y caerse, revolcarse con otros gritando a lo loco... Tiene tendencia a que el juego se le vaya de las manos por excitación, así que es importante controlar que no llegue a ese punto. La mejor manera es jugar y parar, y ver si te sigue reclamando; en tal caso, seguimos jugando. Si se pone bruto, volvemos a parar. Es como si fraccionáramos el juego.

Puede pasar de un momento de amor a uno de juego fácilmente, todo se lo lleva a ese terreno. Le gusta mucho, y mucho rato. Te cansarás antes que él sin duda y si hay otro gato más tranquilo, también se agotará antes. Evita con él (y con todos) el juego con el láser, ya que se queda enganchado y le genera mucha ansiedad.

COMUNICACIÓN

- **Voz y ronroneo**

Es un gato muy «sonoro», muy hablador, muy de hacer ruiditos y cantar. A veces hasta tiene conversaciones solo. Se expresa mucho, cualquier momento es bueno para un miau o un *purrr*. Puede ronronear en momentos que tú no entiendas bien, como cuando te echas un vaso de agua o te pones el pijama. A veces lo hace mientras amasa, en su mundo.

• Lenguaje corporal

Es raro verlo hacer señales de calma (como parpadear despacito). Su carita no suele ser especialmente expresiva, tiene una cara neutra, excepto en la expresión de los ojos, que es muy sutil, pero va cambiando. Es ese gato que te tiene con la cámara en la mano todo el rato por las posturas tan extrañas y divertidas que puede adoptar. Si usa su lenguaje corporal, suele ser para provocarte para jugar, a ti o a sus compañeros felinos, quizá subiéndose por la pared haciendo el «Gatrix». Aprenderás a interpretarlo observándolo y, una vez que lo pilles, verás que es muy sencillo.

• Marcajes (pis, arañazos, frotarse, lamer)

No se frotará mucho contra ti, pero sí te pondrá el culo en la cara mientras duermes, te mordisqueará el pelo o se tumbará sobre otro gato invadiendo su espacio, como si fuera lo más normal del mundo. Es raro que marque con las uñas, suele usar los rascadores, o que te encuentres su pis fuera del arenero.

PSICOLOGÍA FELINA

- **Aprendizaje**

Le cuesta retener dinámicas, es volátil. Puede seguirte el rollo en el momento, pero se le olvida rápido. Lo importante es la repetición y enseñarle a través del juego o de la comida, así estará pendiente de ti. Si le dices no, tiende a la rabieta y si él te pide y te pide algo y tú no se lo das, es capaz de darte un toque o un mordisquito para llamar tu atención.

- **Picos de emoción y estrés**

La novedad es el mayor regalo. Le das una alegría cada vez que haces algo sorprendente, como inventarte un juego o darle acceso a un nuevo lugar de la casa (como dejarle entrar en un armario a cotillear). También aprecia mucho que se le haga caso (tanto si eres tú como si es otro animal con el que conviva). Le gusta ser visto, porque eso implica que puede haber un estímulo interesante a continuación. Y si no lo miras, hará lo que sea para que lo hagas.

Es un gato que tiende al exceso: a comer de más, a dormir de más, a estar demasiado activo, a morder cartón... Es como si tuviera demasiada energía y no supiera qué hacer con ella. Si hay otro gato en casa, puede descargarse persiguiéndolo y generar un poco de lío. En ese estado, puede volverse obsesivo con algo, como si se quedara prendado. Lo soltará en cuanto tenga toda tu atención o se resuelva la fuente de estrés.

• **Miedos**

Puede mostrar mucha seguridad, lo que hace que cuando tiene miedo, no puedas creer lo extremo de su reacción. Se esconde, se queda paralizado, tiembla. Tendrás que esforzarte para equilibrarlo con tu presencia y calma. Si pasa mucho tiempo solo, se muestra muy miedoso, por lo que necesita un compañero en casa, ya sea humano o animal. Cuando escucha un ruido fuerte, su primera reacción es huir y luego salir con curiosidad (cuando ve que el mundo no se ha destruido y nadie ha muerto). Cuando viene gente a casa o alguien cierra fuerte una puerta, sale pitando y al poco se acerca a investigar. Es bastante cotilla.

• **Gestión del territorio**

Le gusta tener un territorio amplio donde quemar su maravillosa, exuberante y excesiva energía. Procura que tenga bastantes estímulos (rascadores a los que subirse, cuevitas donde esconderse, ventanas por las que mirar, sitios a los que saltar...)

para que no convierta tu casa en un parque de atracciones (donde tú no ves nada, él ve posibilidades). Todo lo considera su territorio y asume que tiene libre acceso a él (sea así o no). Tendrá sus zonas favoritas, que pueden ir rotando, y si alguna está ocupada por otro gato o por ti, sin mayor problema se tumbará encima, con toda naturalidad.

• Cómo gestiona los cambios

Los pequeños cambios diarios le encantan y son motivo de celebración. De hecho, es normal que te siga por la casa pendiente de cada cosa que hagas, por si alguna es apasionante. Hará la cama contigo, estará en la cocina mientras cortas lechuga (dásela a oler, le encantará) o intentará meterse en la ducha contigo... ¿por qué no?

Con cambios más significativos puede mostrarse entre aterrorizado y precavido. Es bastante miedoso y cotilla, en ese orden. Actuará así si hay visitas, broncas en casa o cambios de muebles. Si tú muestras calma y sostienes sus emociones, todo irá mucho mejor. Lo que él quiere es que ese momento de incertidumbre pase para volver a su fiesta diaria, que es lo que le gusta.

Salud

• **Señales de que tu gato necesita atención y ayuda**
Suele ser un gato con cierta tendencia a los infantilismos. Amasa y succiona como si estuviese mamando (tu jersey, una mantita que tenga). Quizá lo haga siempre, pero puede caer más en ello cuando tiene estrés o se siente mal. La señal estrella es que juega menos y duerme más. Quizá creas que se ha calmado con la edad, pero le ocurre algo.

Los gatos con este tipo de personalidad que hemos conocido tenían tendencia a la hiperestesia, por la sobrecarga que tienen en su sistema nervioso. Pueden tener pica por aburrimiento.

• **Veterinario**
Entrar en el transportín puede ser un juego, una experiencia más. Una vez en el veterinario, lo lleva bien, a menos que le hagan algo muy invasivo, que puede darle miedo por no entender qué pasa. En ese caso, se bloqueará, no se moverá (es importante que estés cerca y le ayudes a salir de ese estado). En una consulta normal, lo difícil es que no se escape porque se mueve bastante y tiene genes de Houdini. Lo habitual es que quiera recorrer la clínica para descubrir cada pequeño rincón y jugar con todo lo que encuentre.

TIPO DE PERSONALIDAD 8: PROVOCADORA FIEL

Es un gato que tiene presencia y que siente todo el territorio como propio. Ese todo puede incluir a otros gatos, a ti y al fontanero. Está comprobando continuamente dónde están los límites. Necesita estímulo constante, puede ser obsesivo y un poco bruto. En la intimidad, es muy cariñoso y dulce. Pasado un tiempo, tiene una energía de seguridad, de arraigo.

Afirmaciones tipo 8

Al leer estas afirmaciones ¿identificas a tu gato? ¿En cuántas del ellas? Márcalas. Si son muchas ¡quizás sea su tipo de personalidad.

- Su cuerpo pide intensidad en el juego y en las caricias. Necesita actividades con las que gastar su energía, nada de juegos tranquilitos. Y cuando quiere amor, lo quiere todo.
- Si llega gente, no se esconde, sale a recibirlos, les pasa entre las piernas, se les sube encima, los huele, no se corta para nada.
- Tiene mirada de gato fatal. Te clava esos ojazos y parece que puede ver lo más profundo de tu alma. Me pregunto qué pensará cuando hace eso, es inquietante.
- A veces tiene momentos de locura en los que creo que estoy dentro de un documental de vida salvaje y no sé bien dónde meterme. Puede caminar como una elegante pantera y de pronto caerse sin pudor alguno.
- Es el gato más amoroso y entregado que he conocido, se deshace en mimos. Siento que tengo un vínculo muy fuerte con él.
- Comprende perfectamente las normas y, con

todo, se las salta sin mayor problema. A veces, mientras me mira.

- La visita al veterinario puede ser un estímulo más que aprecie, una aventura. Es bastante dócil.
- Tiene una mente estratégica, que analiza todo. Sabe cuáles son mis costumbres y cómo manipularme.
- Sabe perfectamente cuándo le estoy poniendo una comida pero tengo otra que le gusta más, y se queda esperando y mirándome fijamente, para dejarme claro que esa no se la va a comer, que saque la buena.
- Me despierto a media noche en un rincón de la cama porque está ocupando todo y me ha ido arrinconando poco a poco para pegar su cuerpo al mío.

Aspecto físico

- **Mirada**

Directa a los ojos, hay una confrontación implícita. Tiende a ser desafiador y expresivo. A veces puede parecer «demasiado» humana, como si quisiera decirte algo. Quizá te esté invitando a jugar o a que lo alimentes o quizá solo quiere mimos.

- **Actitud**

Es un gato que vive totalmente en el presente. Le importa poco lo que acabe de pasar o lo que pueda pasar después. No sale huyendo cuando llega alguien nuevo. Aparenta ser muy seguro de sí mismo, su actitud parece decir «Estoy aquí, a ver qué pasa». Le gusta llamar tu atención haciendo cosas prohibidas. Ante un estímulo (aspiradora, humano, juguete, sonido...), no se retira, observa y decide cómo se va a relacionar con ello. Se esfuerza en conseguir sus objetivos, es muy tenaz.

- **Movimiento**

Tiende a ser torpe porque fija un objetivo y no se para a pensar cómo lograrlo, sencillamente se lanza a ello. Se pasea seguro y sobrado, muy recto, hasta que algo llama su atención o entra en modo juego. Entonces esa dignidad se convierte en un «sálvese quien pueda» y es muy gracioso.

Relaciones

• **Con humanos**
Es muy amoroso y escoge siempre a un humano de referencia, «el elegido». Es él el que elige, tú no tienes nada que hacer. Ese humano será el que le pueda marcar límites (o intentarlo), premiarlo y a él acudirá para dar y recibir amor. Con el resto convive y puede jugar o aceptar alimento (con el tiempo, también surgirá el amor). Es un tanto invasivo en cuanto al espacio personal, tanto de humanos como de otros felinos. No entiende los límites del cuerpo ajeno. Se te puede tumbar sobre ti en cualquier sitio, se te sube encima cuando estás en el baño, en la cama... Para él, todo es de todos.

• **Con gatos**
Es amoroso y se vincula bien a otros gatos. Es curioso con los nuevos y, en general, con la novedad. Enseguida probará los límites del otro gato: «¿Juegas?», «¿Puedo lamerte?». No tiene problema en compartir juguetes, comida, espacios... Puede interactuar mediante un juego psicológico en el que observa, acorra-

la, pone nervioso al otro hasta que este corre y lo persigue (que es lo que quería desde el principio). Suele elegir como objetivos de persecución a gatos más sumisos, temerosos y nerviosos.

• Dependencia

A su humano elegido le entrega amor sin condiciones; al resto, puede hacerles carantoñas, pero jamás al mismo nivel. Le gusta el contacto físico con tu cuerpo, pero con sus reglas (por ejemplo, quizá quiera estar encima de ti y que no le toques). Si inicia él el contacto, puede ser pesado e insistente; y cuando lo haces tú, puede mostrarse indiferente.

• Niños y niñas

No es un gato que se esconda cuando llegan a casa, más bien sale a conocerlos. Le encanta jugar con ellos porque son una fuente de novedad y energía. Puede hacerlo con la misma confianza, diversión e intensidad con la que trataría con un adulto.

• Visitas (extraños)

Si llega alguien a casa, se le acercará, pues lo ve como un posible nuevo estímulo, un nuevo juego. Le gusta meterse en sus zapatos, en su bolso, en su chaqueta… Todo lo se que pueda investigar le resulta divertido. Es muy sociable, hasta el punto de gustarle las fiestas en casa hasta caer exhausto.

• Cómo acercarte a él (preámbulo)
Habitualmente, lo mejor será que te quedes quieto mostrando respeto hacia él y seguridad. Así él se acercará. Ten en cuenta que le gusta más invadir que ser invadido, por lo que tomará la iniciativa, quizá sentándose encima de ti pero sin dejar que lo toques.

• Cómo pide y recibe amor (tolerancia a la caricia)
Tu cuerpo es suyo, es bueno que lo sepas. Te va a exigir (que no a pedir) cariño. Se subirá a tu cuerpo y querrá tu atención aquí y ahora (da igual que acabes de salir de la ducha, que estés con amigos o quedándote dormido). Si estás entregado, puede llegar a quedarse dormido en tus brazos con cara de felicidad extrema. Lo de «ahora no puedo» no lo entiende.

MANIPULACIÓN

• Tolerancia a ser cogido, retenido
Puede llevar bien que lo cojas, solo tienes que encontrar el momento. Si lo retienes por la fuerza, va a intentar soltarse rápidamente. En cambio, si lo conviertes

en un juego, se mostrará más abierto y al liberarlo puede que incluso vuelva a por más.

- **Cepillado y corte de uñas**

Con mucha paciencia, puede aprender que el cepillado no es una invasión, sino un momento de compartir. Al terminar, sobórnalo para mejorar su futura disposición; aprende rápido. Para cortarle las uñas, mejor intenta pillarlo dormido y corta las que puedas mientras se va despertando.

- **Medicación e inspecciones**

Detesta sentirse atrapado, forzado, no tener autonomía. Es mejor intentar camuflar la medicación en la comida, aunque adivinará tus intenciones aprendiendo tus gestos, los horarios y lo que haga falta. Las inspecciones es mejor hacérselas en un momento de ronroneo y con sutileza. Lo ideal es que todo lo haga su humano de referencia, a él lo perdonará.

RELACIÓN CON LA COMIDA

No suele ser demandante ni compulsivo, no es un gato glotón, pero le gusta comer como y cuando quiere. Puede pedirte la comida y cuando se la pones ignorarla porque no has acertado con tu elección, lo que puede ser un poco frustrante (para ti y para él). Suele esperar a que vayas a la cocina para ir contigo y comenzar a rondarte hasta que caigas en la cuenta de que tiene hambre. Huele todo lo que cocinas y comes y es estupendo que se lo enseñes porque es un estímulo, como un juego para él. Eso sí, no le des de tu comida porque entonces habrás roto un límite (uno que no te conviene si quieres seguir comiendo tranquilamente...).

Higiene personal y en el arenero

• **Intimidad**
Normalmente le da bastante igual que tú u otro animal estéis presentes, así que si lo ves buscando intimidad, lo más probable es que vaya a romper alguna regla, como «decorarte» el suelo, el lavabo u otro lugar. Ante esas actitudes, la recomendación es que te quedes mirándolo para disuadirlo.

• **Pulcritud suya y tuya**
Si hay varios areneros, lo verás ir de uno a otro buscando el más adecuado. Puede tapar bien sus excrementos, pero también hacerlo mal o no hacerlo, como si no tuviera esa necesidad tan animal de no ser olido para protegerse. Sin embargo, es capaz de exigir un ni-

vel de limpieza alto y, en caso contrario, rebelarse y pasar a la acción (algo que no quieres).

- **Manías**

Puede cantar antes de cagar y celebrar su obra después con algún ritual de gritos, saltos o carreras.

- **Acicalamiento**

Suele estar siempre limpio. Aunque no le veas dedicarle mucho tiempo, será eficiente y tendrá buena presencia. También tiende a lavarse después de pasar por el arenero..

Juegos

- **Tipo de juego**

Los juegos de caza le encantan, puede perseguir a otro gato, un juguete, tu pie... da igual. También le gusta esconderse y que lo busques o que tú te escondas e ir a por ti. Se inventa juegos, es muy creativo, solo tiene que darse la oportunidad de que se le ocurra algo. Cuando te mira, sabe distinguir cuándo te apetece jugar con él. Lo más probable es que tú te canses de jugar antes, incluso puede

darte un mordisquito porque todavía no está satisfecho y quiere que sigas. Si es él el que para, suele ser porque se ha aburrido, no por cansancio. Puede jugar contigo, solo o con otro gato. Si el otro gato lo recibe bien, pueden jugar de manera brusca y disfrutarlo ambos, aunque si al otro no le apetece, habrá un conflicto, ya que el 8 no acepta un no por respuesta.

• **Cómo y cuánto le gusta jugar**
Le gusta jugar a lo bestia, rápida e intensamente. Puede ser ritualista y repetitivo en sus juegos. En plena vorágine, puede darse golpes porque no piensa más que en atrapar el juguete, así que hay que ir con cuidado. Tenemos dos opciones. La primera es empezar poco a poco, jugando y haciendo pequeñas paradas para que no llegue a sobreexcitarse. La segunda es, si está muy excitado, cansarlo hasta que no pida más; es la mejor manera de que baje el ritmo y se quede bien, necesita quemar esa energía.

Para este tipo de gato podríamos decir que el aburrimiento es peligroso, ya que lo incita a imaginar nuevos entretenimientos que quizá no sean de tu agrado. Es adicto al subidón de energía que supone el juego de impacto.

Comunicación

• Voz y ronroneo

Es un gato que habla mucho y emite sonidos muy diferentes según lo que está haciendo, lo que quiere, lo que siente. Es muy específico: puede tener un *purrr* para «¿Juegas conmigo?», la canción de «He hecho caca y hay que celebrarlo» o un «miau» de «Hazme caso, necesito amor». Con su humano de referencia es puro ronroneo, puede que quiera estar sobre él mientras come, mientras va al baño, mientras duerme, mientras respira... A los demás, de vez en cuando, les regala un ronroneo casual que significa «Tú también existes, lo sé».

• Lenguaje corporal

Busca generar un lenguaje que tú entiendas y va probando hasta que lo pillas. Miradas, actitudes, ruiditos y rituales van conformando un sistema cada vez más complejo. Quiere que sepas qué significa cada cosa, busca establecer una conversación contigo (aunque sea sin palabras). Espera que tú lo mires para establecer una conexión, ya sea para vincularse contigo o para pedirte algo. Más allá del lenguaje corporal, puede demandar tu atención haciendo alguna gamberrada o rompiendo alguna regla. Conoce perfectamente las señales de calma, otra cosa es que las practique (lo hace menos que la media felina).

• Marcajes (pis, arañazos, frotarse, lamer)

En general, tiende a marcar mucho con feromonas: choca su cabeza contra la tuya, te lame dejando babitas y, en casos extremos (si no se encuentra bien física o psicológicamente), puede usar la orina. Sobre todo, marcará a su humano, para que quede claro que forma parte de su territorio de seguridad.

Psicología felina

• Aprendizaje

Es muy estratega. Conoce los puntos que disparan las reacciones de sus humanos, sabe qué o a quién tiene que tocar, adónde acercarse o adónde subirse para sacarte de tu centro y que le hagas caso. Es decir, aprende lo que le interesa y acepta las normas que quiere. Tú asumirás que las cosas son así. Te ignora cuando le pones límites y, si insistes, mostrará su disconformidad.

• Picos de emoción y estrés

De pronto, independientemente de horarios o estímulos, le da la locura y entra en un pico de hiperactividad. Su cola parece la de una ardilla, su cuerpo se eriza, sus ojos están muy abiertos y emite gritos mientras corre como un loco por la casa. Es como si estuviera poseído por la adrenalina. También puede quedarse mirando a un punto fijo, quién sabe por qué. Lo bueno es que se le pasa solo después de un rato de fiesta total. No lo confundas con un momento de juego, es algo muy suyo y hay que esperar a que pase. Así como sube, baja.

Lleva fatal el estrés, puede dejar de relacionarse bien, como si perdiera la conexión contigo e incluso consigo mismo. Por ejemplo, quizá tenga hambre y no coma incluso si hay comida que le gusta. O tal vez descargue su estrés provocando o persiguiendo a otro gato.

- **Miedos**

Es un gato que parece no tener miedo a los cambios, ni al agua, ni a la aspiradora, ni a los extraños, ni a sentirse acorralado… En general, mostrará curiosidad, pero disfrazado habrá miedo. Se nota cuando intenta poseer el territorio (ya sea una persona o un lugar) para reducirlo. Se sentará, por ejemplo, sobre los extraños o investigará habitaciones. Más que huir o paralizarse, confrontará lo que teme. Eso puede hacer que pienses, como hemos dicho, que no tiene miedo, pero no es así. En él, el miedo se manifiesta como estrés o ansiedad, por lo que hay que esperar consecuencias. No es mala idea tener en casa valeriana seca de herbolario y ofrecérsela cuando esto pase. Sobre todo, mantén la calma para ser su lugar de seguridad.

- **Gestión del territorio**

Su territorio es toda la casa y tu cuerpo también. Probablemente tendrás que comprar accesorios de bloqueo infantiles: para los cajones, la lavadora, escaleras... Además, suele llegar a todos los rincones, pues, en definitiva, todo es suyo. No le vas a frenar. En un entorno nuevo (una casa, el veterinario), suele disfrutar investigando. Al principio puede mostrarse miedoso, pero pronto comenzará a hacer un reconocimiento del lugar para aumentar su zona de seguridad. También puede ser temerario, subirse a sitios de donde luego no sabe bajar. Él va probando, buscando nuevos límites, también territoriales. Puedes verlo mirar fijamente durante días la parte superior de tu armario y sabrás que está calculando si llega o no y cómo hacerlo y un día lo intentará. Si lo consigue, habrá conquistado un nuevo territorio; si no, volverá a intentarlo en otro momento.

• Cómo gestiona los cambios

Mientras el cambio no sea brusco y no implique a su humano elegido, las pequeñas novedades las lleva bien. De hecho, es bueno introducir variaciones sutiles para estimularlo, porque si se aburre comienza a idear estrategias para divertirse y tú no quieres que eso ocurra, aunque es importante que sepas que no lo hace con malicia. Cuando hay cambios más importantes, su primer impulso es ir a investigar y evaluar si es algo estimulante. Tú puedes interpretarlo como que se ha adaptado rápido, pero el estrés va por dentro, no lo subestimes. Que sea atrevido no quiere decir que todo lo lleve bien al instante, necesitará sus tiempos (que no son cortos), lo que pasa es que se hace el valiente ante el cambio.

SALUD

• Señales de que tu gato necesita atención y ayuda

Vas a saber enseguida si está mal porque entra en una vorágine de destrucción y agresividad. Cuando tiene ansiedad, puede subirse a un sitio, tirar todo y romper cosas para sacar la energía que le sobra. También puede tener pica (morder plástico, papel o lo que encuentre) y, a veces, acosar a sus compañeros felinos provocándolos para pelear o para hacer carreras. No es que se haya vuelto malo, es que está malito.

Los gatos con este tipo de personalidad a los que hemos conocido han tenido mayor tendencia a desarrollar problemas de vejiga o del sistema digestivo, así que es bueno revisarlos de tanto en tanto. No está mal incluir en su dieta polvo o zumo bio de arándanos que puedes mezclar con las latas.

- **Veterinario**

Habitualmente entra en el transportín sin problema y en el veterinario suele parecer tranquilo y curioso. Quizá se sorprenda un poco cuando lo llevas, pero luego se lanzará a investigar por la consulta. Es importante que esté su humano de referencia presente, le hagan lo que le hagan (esto es válido para todos los tipos de gatos, pero para algunos más), y si tienen que hacerle pruebas, esa es la persona indicada para sujetarlo. Necesita ser tratado con amabilidad y que no haya dramas, que todo esté tranquilo y se haga con naturalidad.

TIPO DE PERSONALIDAD 9: COMPAÑERA DISTRAÍDA

Suele ser un gato rechonchete y con cara de felicidad que aprecia las rutinas, saber lo que va a pasar, que no va a haber sorpresas. Le gusta la comida y tiende a ser pachorrudo; si con un miau puede conseguir lo que quiere, no va a hacer cuatro. De energía tranquila, a veces está en su mundo y otras, muy presente. Puede no buscar el contacto de primeras, pero cuando ya hay confianza, le encanta.

Afirmaciones tipo 9

Al leer estas afirmaciones ¿identificas a tu gato? ¿En cuántas del ellas? Márcalas. Si son muchas ¡quizás sea su tipo de personalidad.

- A veces lo busco por todas partes; está a plena vista, pero parece que se camufla.
- Es muy gracioso, intenta subir al rascador y se tropieza o no calcula bien, pero puede ser el mejor cazador de todos cuando entra una mosca en casa.
- Todo el mundo tiene ganas de abrazarlo, tiene una cara y un cuerpo adorables. Lo malo es que eso de que lo cojan extraños no le gusta nada.
- Me costó que se adaptara a mis demás gatos y a mí. Es lento en sus interacciones sociales, pero seguro. Ahora es parte indispensable de toda la familia.
- Se queda mirando al infinito y no sabes si está viendo un fantasma, viajando a otro planeta o meditando. Entra en trance con una facilidad pasmosa.
- Le encanta jugar a cazar cuerdecitas. Creo que si viviera en el campo más de una vez me traería «regalos» (ratones y pajaritos) para hacer su contribución a la manutención de la casa.

- Su vínculo es con toda la familia. Le gusta que todo el mundo lo mime y busca el contacto físico con cabezazos o golpecitos con el culo o con la cola.
- Cuando lo saco de casa para ir al veterinario, lo pasa mal, le da bastante miedo, pero, una vez allí, se deja hacer.
- Se le da bien encontrar sitios estupendos para dormir, en plural, pues no se limita, va ocupando lugares por toda la casa.
- Es difícil pillarlo en el arenero, su intimidad es importante y tiene que sentirse seguro para hacer sus necesidades.

Aspecto físico

- **Mirada**

Su mirada es intensa, aunque sin agresividad ni tensión; transmite calma y amabilidad. Clava sus ojos en los tuyos, como si buscara algo. En ocasiones, observa el vacío como si se hubiera perdido allí.

- **Actitud**

Es un gato tranquilote, social, achuchable. Atrae los brazos de la gente, ya que es relajado y da buen rollo. Parece un señor sosegado, incluso si no es mayor. Lo mismo te llama y quiere tu atención que se ausenta para disfrutar de su soledad. Suele salir a saludar a la puerta, con curiosidad, y luego, una vez que ya sabe lo que está pasando en el territorio, se retira.

- **Movimiento**

Es un gato de movimiento lento, ni especialmente torpe ni especialmente grácil, excepto cuando caza, que es implacable y eficiente. El resto del tiempo es un vago y se mueve lo justo y necesario. Tiene sus lugares predilectos donde busca estar confortable.

Relaciones

• Con humanos

Es muy amoroso, más parecido a un perro que a un gato. Puede dar amor a toda la familia y, aunque tenga un vínculo más especial con algún miembro, no es dependiente. Le encanta tener rituales contigo: tomar juntos el té mientras tú le acaricias, mirar el amanecer, irse a dormir a cierta hora a tu lado…

También le gusta que haya visitas, puede saludarlas o subírseles encima y luego irse a lo suyo.

• Con gatos

Suele ser sociable, aunque más con humanos que con otros gatos, quizá porque estos le generan más inquietud con su energía. Normalmente no busca el conflicto. Cuando llega a un nuevo hogar en el que hay gatos, busca sus lugares seguros y luego se empieza a relacionar con ellos. Si lo agobian, puede marcar sus límite como «defensa preventiva» o aislarse temporalmente. Si es otro gato el que llega, lo recibe con curiosidad, lo ayuda a integrarse y luego le deja a su aire.

• Dependencia

Es dependiente solo a ratos. Prefiere disfrutar de todos los miembros de la familia, sin ser muy posesivo con su humano. Tiene sus rituales contigo, pero el resto del día va a su aire. Sin embargo, aunque no te pida nada, no te olvides de que está ahí y de que te necesita.

- **Niños y niñas**

En el fondo es tan inocente como ellos, así que se llevarán muy bien. Tiene bastante aguante, no es reactivo con su alta energía. Como mucho, se alejará si la intensidad es excesiva y quizá luego vuelva a acercarse en busca de juego o de mimos.

- **Visitas (extraños)**

Los invitados son bien recibidos. Se les huele, se les saluda, se les califica de «no amenazantes» y, luego, se va uno a descansar. Si no le haces caso, puede quedarse mirándote sin entender tu falta de implicación. En el caso de no estar sus humanos en casa, puede que ni lo veas. De cualquier manera, el amor es bien recibido siempre.

- **Cómo acercarte a él (preámbulo)**

Como decimos, le gustan las personas y suele acercarse a conocerlas. Si eres nuevo en casa, también puedes acercarte tú y presentarte, sin más. Es bastante receptivo y lo más probable es que te regale un *purrr* de bienvenida.

- **Cómo pide y recibe amor (tolerancia a la caricia)**

Es posible que trate de atraerte a su sitio para que le des amor. Sabe llamar tu atención y es tan mono que no puedes resistirte y le haces caso. Le sale natural, no es una manipulación. Se suele dejar toquetear y, cuando ya tiene bastante, sencillamente se va o te hace ver que ya no quiere más. Puede gustarle recibir caricias fuertes e intensas.

Manipulación

- **Tolerancia a ser cogido, retenido**

Si lo vas a coger en brazos, que sea para algo. Puedes llevarlo a algún sitio, limpiarlo o darle cariños, puede aguantar un rato. Ten en cuenta que se va a sentir invadido y que la retención de su cuerpo es algo que no le agrada.

- **Cepillado y corte de uñas**

Considera el cepillado como un momento relajante de masaje. Todo lo que sea contacto le estimula y le gusta. Son momentos de compartir amor. En cuanto a las uñas, si tú muestras seguridad en lo que haces, no se opondrá. Aprovecha un momento de relax.

- **Medicación e inspecciones**

Estás de enhorabuena, es un gato tranquilo y puedes

darle medicinas sin problema, aunque si le rascas o acaricias mientras, mucho mejor. El truco para examinarlo es que te relajes tú antes, para que no note un exceso de energía por tu parte. Luego lo presentas como un juego o como un momento placentero. No es un gato rencoroso.

Relación con la comida

Le gusta mucho. Si hay comida en el plato se la come, aunque puede dejarse algo (como si saber que no se la ha acabado le diera seguridad). Cuando acaba de llegar a una casa, se le puede ganar por la comida. Darle pequeñas cantidades muchas veces es lo ideal. Pide, pero no insiste tanto como otros porque llega un momento en el que le parece demasiada inversión de tiempo y energía, prefiere recurrir a miradas lánguidas que te hacen desear cumplir sus deseos. También puede pasar cerca de ti y hacer una minifiesta para llamar tu atención. Si no le gusta lo que le has puesto, te darás cuenta enseguida, es muy expresivo haciendo gestos de desagrado.

Higiene personal y en el arenero

- **Intimidad**

Cuando tiene que ir al arenero, va, sin más. Le da igual

el lugar y el momento y en general es bastante adaptable y lo hace rápida y eficientemente. Quizá vaya pocas veces al día, pero «lo da todo». Le gusta más estar solo, pero si hay alguien y es de confianza, no le importa.

• **Pulcritud suya y tuya**
No es mucho de lavarse, ni de tapar bien sus cosas en el arenero, ni de exigir si la arena no está limpísima. Tampoco tiende a hacerse nada fuera; si ocurre, es un accidente (le puede pasar a cualquiera).

• **Manías**
Es raro que tenga. Con que la arena esté razonablemente limpia le basta.

• **Acicalamiento**
Le relaja lavarse, parece más un ritual un tanto zen que una necesidad de estar limpio. Coge ritmo dando lametazos y se deja llevar, se monta su propio spa.

Juegos

• **Tipo de juego**
Parece tranquilo, pero no te confíes. Tiene instinto y suele ser buen cazador, lo cual se ve en el juego cuando, de pronto, se muestra más veloz y hábil que en

ninguna otra circunstancia. Como le gustan los rituales, agradece jugar siempre a lo mismo. Y como es curioso, también agradece probar otros juegos, le gusten luego o no. Si tiene una buena relación con otro gato, pueden perseguirse y revolcarse, aunque sin exagerar. También le gusta muchísimo jugar solo. Puedes verlo dándolo todo con una pelotita y, de pronto, parar para volver a un estado de calma.

• **Cómo y cuánto le gusta jugar**
Por más emoción que sienta, le cuesta moverse, aunque cuando lo hace es ágil. Intentará que seas tú quien le acerque el juguete. Por ejemplo, cuando está tumbado o sentado, le gusta que le lances una cuerdecita. Su ritmo es medio (ni muy rápido ni muy lento) y que le dejes ganar le motiva. Fuera del ámbito de juego, su ritmo es más lento. Prueba con ratones de juguete, pelotas de papel o cuerdecitas que pueda perseguir.

Le gusta jugar, aunque sin exageraciones. Todo con calma. Lo ideal sería hacerlo a ratos cortos varias veces al día para animarlo a moverse.

Comunicación

• Voz y ronroneo

Cuando usa su voz, no emite un simple miau, tiende a hacer ruiditos o a cantar. Usa mucho el lenguaje sonoro para que tú te muevas, para que hagas algo con él, para que lo sigas, para compartir contigo. Su maullido suele ser agradable y alegre y le gusta que le contestes con ruiditos. Si quiere que sigas acariciándolo o rascándole, se convierte en un motorcito ronroneador. También ronronea mucho cuando está a lo suyo, disfrutando de la vida.

• Lenguaje corporal

Puede ser muy expresivo cuando se mueve, pero le cuesta arrancar. De vez en cuando, mientras interactúa con alguien, hace alguna monada, aunque en general es parco en esto. Tiende a hacer el mínimo esfuerzo con su cuerpo; intentará expresarse mucho, en cambio, con el lenguaje facial y con las orejas, le requiere menos energía. Solo se pondrá en marcha, con sutilezas, cuando no te enteres. Prefiere que te muevas tú, pero cuando arranca puede ser muy divertido. Usa bastante las señales de calma, ya que es una excelente manera de comunicarse a distancia y sin cansarse mucho.

- **Marcajes (pis, arañazos, frotarse)**

Es un gato que suele frotarse, contra ti o contra las cosas, cuando está feliz o quiere amor. Usa las uñas mientras se despereza, sin darle importancia, o recurre a los rascadores en momentos de amor. También puede amasar para demostrarte lo mucho que le gustas.

PSICOLOGÍA FELINA

- **Aprendizaje**

Va a su aire y que aprenda requiere un esfuerzo, además de implicar que tú tienes el control y él no, y eso no mola. Su tendencia es hacer lo que le da la gana, así que quien quiera enseñarle tiene que armarse de paciencia. Le dices que no y te mira sin entender nada, más incrédulo que rebelde.

- **Picos de emoción y estrés**

Tiene picos de emoción, lo que pasa es que son breves, divertidos y desaparecen con la misma facilidad con la que surgen. De repente, te pide mimos, que lo sigas y que lo cepilles… Es como si de pronto se diera cuenta de que está en el mundo y de que tú también, y quiere celebrarlo.

Puede manifestar su estrés haciendo sus necesidades fuera del arenero. Tendrás entonces que localizar el estímulo externo o malestar interno que lo provoca. Si la fuente es externa, suele alejarse de ella y después comer y comer, comer para tranquilizarse. Otra reacción es dormir todo el día o aislarse de los demás. Esto no significa que esté tranquilo y a su aire, sino que no puede sostener lo que está ocurriendo.

• **Miedos**

Parece que no tiene miedo y que es atrevido, pero si pasa algo que no le gusta, guarda un recuerdo muy claro de ello y mostrará miedo la siguiente vez en que las circunstancias sean similares. Quizá no tenga miedo al armario y habitualmente se meta en él, hasta que un día se quede encerrado y no sepa cómo gestionarlo. A partir de ese momento, podría mantenerse alejado del armario. No le gustan las situaciones que no controla, así que cuando se dan, tiende a huir o a quedarse paralizado, como si no comprendiera nada y no supiera qué hacer.

• **Gestión del territorio**

Le gustan los sitios altos, como un buen rascador con vistas desde el que tener un cierto control sin moverse. También donde dormir sin ser molestado, para poder bajar la guardia. Tiene sus sitios en la casa, aunque si hay alguien ocupándolos no le echa, solo siente algo de decepción; quizá intente hacerse un hueco o se vaya al siguiente sitio favorito de la lista. Tiene una curiosidad muy inocente e infantil que hace que se permita invadir tu espacio, oler a las visitas, lo que comes, la compra (si cuando llegas del mercado le dejas meter la cabeza en las bolsas, lo va a disfrutar una barbaridad)... Es cotilla, le encanta mirar por las ventanas, observar lo que pasa, cómo se mueve todo, las interacciones.

• Cómo gestiona los cambios

Lleva bien el cambio cuando lo considera algo positivo para su vida. Para comprobarlo, está abierto a probar. Su tendencia es investigar e irse adaptando... o no. Lo importante es dejar que se acerque, que huela, que cotillee y decida.

Si los cambios son bruscos, no los llevará nada bien, seguramente se retirará para gestionarlo con calma, así que es importante no presionarlo. Y en caso de que la novedad no le guste, te lo hará saber. Una camita nueva comprada con gran ilusión pasará por su filtro exhaustivo: si le gusta, la tomará como suya; si no, quizá no se vuelva a acercar a ella jamás, puedes donarla... Lleva peor la preparación de una situación (una visita, que te vayas de vacaciones...) que la situación en sí, como si sintiera tu inquietud y esa energía no le gustara nada.

Salud

- **Señales de que tu gato necesita atención y ayuda**

Si se siente mal, deprimido o inseguro, observarás que se lava menos o peor. Si otro gato lo acosa o sufre estrés sostenido en el tiempo, se mostrará un poco paranoico, tenso, en alerta, y buscará vías de escape. Lo ideal sería llevarlo al veterinario o a un experto en comportamiento animal en cuanto veas algo raro y hacer controles rutinarios no muy espaciados (es muy difícil detectar nada precozmente en ellos).

Los gatos de este tipo de personalidad que hemos conocido han tenido mayor tendencia al sedentarismo y al sobrepeso.

- **Veterinario**

Le da un poco igual entrar en el transportín, pero suele pasarse el viaje maullando de manera constante (no es de pánico, pero es continuo). Al llegar al veterinario, podrás hacerle de todo, pero con paciencia, porque suele revolverse e intentar escapar. Si lo sueltas, se meterá solo en el transportín. También puede llegar a hacerse pis y caca, así que mejor usar empapadores.

Epílogo

Este libro está dedicado a cada gato que habita este mundo: a los machos y a las hembras; a los cachorros y a los entrañables viejitos; a los gatos que están sanos, enfermos o son discapacitados... A todos aquellos «miauravillosos» felinos que nos hacen compañía, que nos obligan a hacernos preguntas que no nos apetecen, que nos llenan el corazón cada día o que nos preocupan cuando están mal o cuando los vemos comportarse de forma extraña.

A ti te damos las gracias por haber adquirido este libro y esperamos de verdad que lo hayas disfrutado. Sobre todo, nos gustaría que sintieras que realmente has aprendido algo nuevo sobre ese ser increíble con el que compartes un vínculo y una intimidad que no se puede comparar con ninguna otra relación en tu vida. Cada pequeño matiz en el que hayas reparado durante la lectura puede cambiar vuestra convivencia diaria y

ayudar a que tu gato esté más sano física y emocionalmente. De esa manera, vuestra relación también será
mejor y las penas y preocupaciones por él, menores.

El simple hecho de haber tomado la determinación
de querer saber más sobre él, sobre sus emociones, sus
comportamientos, sus necesidades, etc., dice mucho de
ti y es uno de los principales objetivos del libro.

Ten presente que tu gato no va a cambiar. De hecho, no tiene nada que cambiar. Que tú le escuches, lo
aceptes, lo atiendas y pases tiempo a su lado es lo mejor
para él. Hacerlo, estamos seguras, hará de ti un ser humano mejor, un ser humano más felino: más libre, más
independiente, más amoroso. Y creemos firmemente
que es precisamente eso lo que el mundo necesita.

Glosario

Con este glosario queremos aclarar algunos términos que aparecen con frecuencia en nuestro libro. Estamos seguras de que muchos ya los conocerás, pero puede que alguno lo hayas leído por primera vez, que tengas una idea algo confusa de su significado o simplemente que quieras saber un poco más sobre ese concepto en relación con los gatos.

Activadores: Llamamos activador a cualquier acción o estímulo que cause una reacción específica. Puede ser un sonido, un olor, acercarse a un lugar de la casa… El gato, por repetición, asimila que cuando se realiza la acción A, hay una consecuencia B. Lo llamas con un sonidito y tu gato viene a buscarte. Abres una lata y aparece a tus pies esperando su latita. Abres el cajón de los juguetes y ya está esperando a que le tires la pelotita, moviendo su culete. Puedes usar estos activadores para reforzar vuestra relación, pero, cuidado, también pueden tener un significado negativo y que él entienda que, ante ciertas acciones, algo malo puede pasar y se ponga a la defensiva…

Agresividad redirigida: Es la determinación que toma el gato, de manera completamente inconsciente, de atacar un estímulo de sonido o movimiento cuando siente pánico y tiene una gran cantidad de energía acumulada por estrés. Se produce en momentos críticos. El gato está tan tenso que teme por su vida y cualquier movimiento brusco o sonido fuerte puede provocar una descarga contra dicho estímulo. Si ves que tu gato está paralizado y extremadamente nervioso, reacciona de forma suave, intenta detectar qué le da miedo y quitarlo de su entorno; luego dale tiempo y espacio para que él mismo vaya bajando de intensidad poco a poco.

Bufido: Es una reacción del gato ante un estímulo que no esperaba o que en principio le disgusta que nos alerta de que necesita un poco de tiempo para procesar la información que está recibiendo. Abre ligeramente la boca, muestra un poco sus dientes y emite una especie de siseo de serpiente. El gato que bufa no ataca, solo advierte y solicita su espacio. Desde luego, si insistes, pasará al gruñido y si todavía osas continuar, acabará reaccionando negativamente. Respeta a tu gato, por favor.

Enriquecimiento ambiental: Incluimos en este concepto todo aquello que podamos incluir o instalar en el territorio del gato (habitualmente tu casa) para que disponga de estímulos, haga ejercicio o cuente con vías de escape y de refugio. Rascadores, pasarelas, cajas de cartón, juguetes electrónicos o de alimento, una hamaca en la ventana… Te recomendamos observar a tu gato para conocerlo, porque cada personalidad necesita de un enriquecimiento ambiental ligeramente distinto. Una vez que sepas qué necesita, échale imaginación y provee a tu felino de toda esa diversión en vuestro hogar.

Escala del estrés: Este es un concepto que se usa mucho con perros, pero poco con gatos. Determina una escala de 0 a 10 que clasifica, según el nivel de estrés que tenga tu gato, cómo puede ser su reacción tanto comunicativa como reactiva. Así, el gato puede pasar de una situación de relajación a una de alerta, de prevención, de defensa y, finalmente, de ataque. Los valores no son fijos, puesto que, dependiendo del temperamento del gato, el valor de alerta puede ser 2,5 o 4. Pero la evolución es bastante similar para todos, por lo que conviene observar e intentar saber en qué nivel está para actuar en consecuencia.

Estereotipias: También denominadas pica o conductas autolesivas. Son aquellas acciones contra sí mismo que realiza un gato (o un humano) por somatización de problemas de distinta índole. En ocasiones, pueden estar relacionadas con problemas físicos, pero habitualmente son consecuencia de un problema emocional prolongado, como la falta de atención, el aburrimiento, la inseguridad en el territorio, el miedo o el estrés continuado. El gato intenta atenuarlo mediante estas conductas, que le proporcionan tranquilidad a pesar de ser altamente nocivas para él. Como ejemplo, podemos encontrar gatos que ingieren plástico, tejidos, pelusas, que se hacen calvas por lamerse en exceso o que se autolesionan. Aparte de las estereotipias, hay otras reacciones relacionadas con dificultades emocionales, como la letargia, la inanición, la ingesta compulsiva de comida, la agresividad sin motivo aparente o la micción en lugares inadecuados, entre muchas otras.

Feral: La terminología referida a los gatos está cambiando constantemente. De hecho, ahora, los gatos antiguamente denominados ferales pasan a ser comunitarios. No obstante, en este libro, cuando hacemos referencia a la cualidad feral, queremos enfatizar un carácter parecido al de un gato en completa libertad, que caza sus presas, se relaciona con sus congéneres de forma natural, que marca con feromonas, etc. Digamos que es el concepto opuesto al de domesticación.

Feromonas: Son sustancias químicas, similares a las hormonas, pero que se liberan al exterior. Se producen en determinadas glándulas o están contenidas en diferentes fluidos (como la saliva o la orina) y facilitan la transmisión de información que incluye desde características físicas del gato (sexo, si está en celo, si está enfermo…) hasta su estado emocional (felicidad, familiaridad, pánico…). Los felinos las usan también para marcar el territorio e indicar pertenencia. Se captan a través de receptores y son específicas de cada especie: solo los gatos pueden entender las de otros gatos, así como solo los humanos perciben las de otros humanos, los perros las de otros perros y así sucesivamente. Tú no puedes captar las de tu gato, pero sí ver cómo las dispersa y en qué momento, e interpretar cuál puede estar liberando atendiendo a la situación y emoción del gato en ese momento.

Hiperestesia: Es una patología muy poco estudiada, pero bastante frecuente en gatos. Se podría definir como una sensibilidad al tacto más intensa de lo normal, como si su sistema nervioso estuviera estropeado y cualquier contacto lo sintiera en exceso. Se manifiesta con movimientos involuntarios (por ejemplo, cuando está tumbado se le mueve la piel del costado, como si una mosca se le hubiera posado allí y le molestara) o con movimientos bruscos de extremidades y rabo. Puede resultar tan molesto que llegue a autolesionarse. La hiperestesia causa una tensión enorme en el gato, que suele estar estresado, echar carreras y pegar brincos sin venir a cuento, reaccionar mal a las caricias o ser más reactivo de lo habitual. Si tienes un gato con esta condición, procura generar un ambiente tranquilo y amable, usa hierbas relajantes con él e intenta que tenga muchos estímulos que le ayuden a descargar la tensión. Vivirá más calmado.

Idiopático: Adjetivo aplicado a una enfermedad o comportamiento que es de origen desconocido o del que no se da con la causa mediante pruebas diagnósticas y, por lo tanto, no tiene un tratamiento determinado para solventarlo. Es un término usado con mucha frecuencia en veterinaria. Obviamente, siempre hay un motivo, por lo que te animamos a seguir haciendo pruebas o a contactar con un experto en comportamiento que te ayude.

Infantilismo: Conducta que tienen algunos gatos adultos de realizar acciones propias de cachorros, como succionar tejidos cuando ronronean y amasan. Normalmente, se dan como consecuencia de una infancia en soledad, por falta de la madre o por la ausencia de relación con sus hermanos. Esto genera traumas y falta de conexión con las conductas propias de su especie, sanas y naturales, que habría adquirido si hubiera crecido con más gatos. No podemos evitar del todo estos comportamientos, pues están muy arraigados en el inconsciente del gato, pero sí podemos reconducirlos y atenuar su intensidad trabajando en positivo, poco a poco y reduciendo el estrés en nuestro gato.

Juguetes inteligentes de alimento: Este tipo de juguetes formarían parte del enriquecimiento ambiental, en este caso, para fomentar la caza del alimento en el gato, algo que haría si viviera en libertad. Ya sea un juguete, casero o comprado, o una dinámica, como esconder el alimento por el territorio, tienen un doble objetivo: desarrollar sus habilidades físicas y mentales para dar caza a ese alimento al que no tiene un acceso directo (como en un cuenco) y evitar una ingesta masiva de alimento de golpe. Estos juguetes son muy recomendables, puesto que devolvemos a nuestro gato a la caza y le proporcionamos entretenimiento, lo cual ayuda a que se sienta útil y recompensado emocionalmente.

Maullido: Dentro del lenguaje sonoro del gato, tenemos la versión más evolucionada, que sería el miaou. El gato únicamente maúlla al humano cuando desea hacer una demanda directa («abre la puerta», «ponme comida», «hazme caso»…), lo ha intentado de mil formas (haciendo ruiditos, dándonos un cabezazo, haciendo que le sigamos…) y no le hemos entendido. El gato se frustra porque no consigue que su mensaje nos llegue, por eso comienza a hacer un ruido que llame nuestra atención, para que sea inevitable que hagamos caso a su demanda. Si entiendes y atiendes a tu gato como él necesita, maullará poco.

Reactividad: Decimos que un gato es reactivo cuando, ante una situación que no controla y le genera estrés, reacciona de forma ofensiva o defensiva, pudiendo producirse una acción agresiva contra el estímulo, contra otro desencadenante paralelo o incluso contra ti. Así mismo, un gato no reactivo optará por la sumisión, el bloqueo o la huida. Esta cualidad forma parte de su temperamento, no se puede cambiar, pero sí trabajar para que aprenda a gestionar esas situaciones de manera menos intensa.

Refuerzo positivo: Ningún ser vivo debería aprender de otra forma que no sea con refuerzos positivos. En el caso de los gatos, seres nobles y sinceros, recurrir a los gritos, a los castigos o a infligir dolor no soluciona nunca ningún problema, solamente lo agrava. Cuando nuestro gato tiene un comportamiento nocivo para él, para nosotros o para el entorno, debemos derivarlo hacia una conducta menos negativa haciendo que le resulte más atractiva o divertida que la que queremos suprimir. Mientras hacemos esto, debemos observar, indagar y descubrir la raíz de dicho comportamiento para ponerle solución, puesto que la conducta detectada es solo el síntoma de un problema mayor, siempre...

Ronroneo: Es un sonido mágico y misterioso que solo cinco felinos sobre la faz de la tierra son capaces de reproducir. Es como un mantra, una meditación, que genera (de forma desconocida todavía por la ciencia) una variación de frecuencia de entre 25 y 175 Hz por segundo, algo terapéutico para el gato y para todo ser vivo en contacto con él. Ayuda a controlar la presión arterial, la pérdida de calcio y es muy relajante. Los gatos lo pueden emitir cuando están felices y seguros (ya sea solos o en compañía de otro gato o humano), así como en situaciones de mucho miedo y estrés o dolor intenso, pues les ayuda a la autogestión.

Señales de calma y señales de agresividad: Dentro del lenguaje corporal del gato (y de muchos otros mamíferos, incluidos nosotros, los humanos), existen gestos universales llamados señales de calma (o apaciguamiento) y de agresividad. La misión de estas señales es comunicar a otros individuos de forma directa e inequívoca nuestra intención de no hacerle daño; o que si somos atacados, devolveremos dicho ataque; o que les estamos amenazando. Parpadear lentamente, desviar la mirada, dar la espalda o bostezar serían ejemplos de calma, así como fijar la mirada, erizarse y ponerse de lado o quedarse quieto y tenso se interpretarían como señales de agresividad. Tu gato conoce todo ese lenguaje y tú puedes detectarlo, e incluso usarlo con él en positivo.

Somatizar: Interiorizar y asimilar una carencia de necesidades, así como una situación de estrés (normalmente, de carácter agudo o prolongado en el tiempo), de manera que repercute negativamente en la salud o el comportamiento. Cuando nos encontramos en una situación difícil de gestionar, reprimimos emociones o dolores que acaban afectando a nuestra salud y generando problemas mayores. En esos casos, hay que tratar el síntoma, pero lo más importante es encontrar el origen.

Sonidos guturales: El gato es muy vocal por norma general, pero con este tipo de sonidos debemos estar alerta. Pueden ser agudos, graves o intermedios, pero lo que caracteriza este sonido es que es visceral, le sale de las entrañas, del estómago, del alma. Siempre está relacionado con una emoción intensa, ya sea pánico, tensión extrema, dolor... Antes de llegar al punto en el que el gato realiza estos sonidos, suele haber un incremento progresivo del estrés, por lo que nuestra responsabilidad sería ayudar al gato y sustentarle para que no llegue al límite de tensión en el que necesita hacer uso del sonido gutural.

Territorio: Es todo el espacio que un gato puede ocupar y que marca con sus feromonas para identificarlo como su propiedad. Cada gato se adapta a lo que tiene, no puede elegir, pero nosotros sí podemos proveerle de un territorio acorde a sus necesidades. Hay partes del territorio que son solo lugares de paso, mientras que otras zonas pueden ser sociales, de juego, de alimentación o de descanso. Es importante que observemos a nuestro gato y sus rutinas, que identifiquemos qué zona utiliza para cada cosa y que colaboremos para que él se sienta a gusto en nuestro piso compartido interespecie.